RADIUS BÜCHER

Peter Härtling

»...es hofft die gantze welt«

Mein Weihnachtsbuch

Die Deutsche Bibliothek – CIP-Einheitsaufnahme

»...es hofft die gantze welt«: mein Weihnachtsbuch / Peter Härtling. – Stuttgart: Radius-Verl., 1995
(Radius-Bücher)
ISBN 3-87173-059-9

ISBN 3-87173-059-9

Umschlag: André Baumeister unter Verwendung von Stefan Lochner (Werkstatt), »Anbetung des Kindes«, um 1445, Diözesanmuseum Köln
Gesamtherstellung: Clausen & Bosse, Leck
Printed in Germany

SÄTZE VORAUS

Ich höre Bachs Weihnachtsoratorium und
wundere mich wieder, wie diese Musik
das Kind, das um unseretwillen Kind
bleiben soll, alles wissend und doch für
einen erleuchteten Moment alles vergessend,
aufnimmt und wiegt.

»Jauchzet, frohlocket! Auf, preiset die Tage!
Rühmet, was heute der Höchste getan!
Lasset das Zagen, verbannet die Klage!
Stimmet voll Jauchzen und Fröhlichkeit an!«

So eröffnen Bubensoprane den großen Lobgesang. Das Kind soll Kind bleiben. Ein Wunsch, unmöglich und unwirklich, denn wir wissen, was wir dem Kind angetan haben und immer wieder antun werden.

Die Texte, die ich hier versammelt habe, begleiten mich seit langem: Mir scheint, ich brauche sie als Schutz. Sie hüten für meinen anfälligen Glauben das Kind – keine Zaubersprüche, sondern unsere Wirklichkeit nie verleugnende Anbetung.

P. H.

ANDREAS GRYPHIUS
DREI SONETTE

I.
Uber die geburt des herren Jesu.

Der himmel hat bisher sich auf die erd erhitzt
Und mit viel schwefel, feur und flammen, lichtem krachen
Gelodert und getobt; die erd hat aus dem rachen
Des abgrunds auf die lust und sternen selbst geblitzt;
Nicht einer, der das schloss des großen throns besitzt,
Hat jemahls sich ins feld der erden wollen machen;
Nicht einer, der allhier muss auf der erden wachen,
Hat auf den gülden bau des himmels sich gespitzt.
Nunmehr wil Gott friede machen und schlägt edle mittel vor:
Er wird selbst ein mensch gebohren und entschleußt des himmels-thor.
Was haben wir für ursach mehr zu zancken?
Gott und engel steigen nieder; schwache menschen fahren auf;
Nunmehr wird eins, erd und himmel; engel, menschen sind ein hauff.
Wer wundert sich, dass mensch und engel dancken!

II.
Uber die geburt Christi, 1657.

Kind! dreymal süßes kind! in was bedrängten nöthen
Bricht dein geburts-tag ein! Der engel schaaren macht
Bejauchzet deine kripp' und singt bey stiller nacht;
Die hirten preisen dich mit hellgestimmten flöten.
Ach um mich klingt der hall der rasenden trompeten,

Der rauhe paucken klang, der büchsen donner kracht.
Du schläffst, der tolle grimm der schnellen zwietracht
wacht
Und dräut mit stahl und schwerdt und flamm und hass
und tödten.
O friede-fürst! lach uns aus deinen windeln an!
Dass mein bestürztes hertz, das nichts als seuffzen kan,
Dir auch ein freuden lied, o sohn der jungfrau! bringe.
Doch wenn ich, Gott! durch dich mit Gott in friede
steh,
So kan ich frölich sein, ob auch die welt vergeh,
Indem du in mir ruhst. O kind! mein wundsch gelinge!

III.

An den neugebohrnen herrn Jesum.

So vielmahl hundert jahr von anbegin der zeiten
Hofft nicht Judäa nur, es hofft die gantze welt,
Dieweil du noch nicht dar, in schuld und angst verfällt,
Auf dich, o höchstes kind! o fürst der ewigkeiten!
Wol! nun die stund ist hier, du wilst die welt beschrei-
ten,
Die schwangre jungfrau hat sich rüstig eingestellt.
Wie dass man keinen ort denn für dich offen hält?
Wie dass dir niemand denn die wiegen wil bereiten?
Dein Salem, das so lang gezagt in nacht und sünd,
Wird, nun du sonn auffgehst, vor deinen strahlen
blind;
Drum lässt sie dich im stall ohn sorg und wartung
liegen.
Komm werther gast! o komm! ich öffne seel und hertz.
Mein hertz, das für und für der jammerreiche schmertz
Und stete furcht bewegt, sey deine liebe wiegen!

CHRISTIAN FRIEDRICH DANIEL SCHUBART

DER HIRTEN LIED AM KRIPPLEIN

Schlaf wohl, du Himmelsknabe, du,
Schlaf wohl, du süßes Kind!
Dich fächeln Engelein in Ruh
Mit sanftem Himmelswind.
Wir armen Hirten singen dir
Ein herzigs Wiegenliedlein für.
Schlafe!
Himmelssöhnchen, schlafe!

Maria hat mit Mutterblick
Dich leise zugedeckt;
Und Joseph hält den Hauch zurück,
Daß er dich nicht erweckt.
Die Schäflein, die im Stalle sind,
Verstummen vor dir, Himmelskind.
Schlafe!
Himmelssöhnchen, schlafe!

Bald wirst du groß, dann fließt dein Blut
Von Golgatha herab;
Ans Kreuz schlägt dich der Menschen Wut,
Dann legt man dich ins Grab.
Hab immer deine Äuglein zu,
Denn du bedarfst der süßen Ruh.
Schlafe!
Himmelssöhnchen, schlafe!

So schlummert in der Mutter Schoß
Noch manches Kindlein ein;
Doch wird das arme Kindlein groß,

So hat es Angst und Pein.
O Jesulein, durch deine Huld,
Hilfs ihnen tragen mit Geduld.
Schlafe!
Himmelssöhnchen, schlafe!

EMIL UND ADELBERT HERDER
AN JOHANN GOTTFRIED HERDER

Den 26. Dember 1788.

Lieber Vater,

ich habe eine neue Pappe zum helliger Geist gekrist eine Biwelhistdorie Soldaten und eine schreibtafel schreiben Sie Mir Viele Brife daß ich Sie hinein dun kann der Baum hadte schübsch gebrend und über den Engel war ein Stern Mein Ferfer Kugen [1] habe ich Alle auf gegessen und die Mutter hat mir einen Schüttcher und 4 Täpfel aufgehomen. Wir waren nich lustig als Sie dagewesen wären leben Sie wohl lieber Vater

ihr gedreirer Sohn
Emil Herder

[1] Pfefferkuchen

[26. Dezember 1788]

Lieber Vater.

Ich habe einen Römischen Solltaten gesehen mit der Flinde und auch einen Zwerg mit barfusen Beinen. Ich habe an Weinachten eine Brieftasche gekriecht auch das griesche Testamennt Babir und eine Feder und Bleistieft ich kriege noch ein Gesankbuch ein Reichzeig [1] und ein Baser. Kommen sie bald wieder. Grießen sie den Werner. Leben sie wohl.

Ihr getreuer Sohn Adelbert
Herder.

[1] Reißzeug

BETTINA VON ARNIM

BRIEF AN IHREN MANN, ACHIM VON ARNIM

12. Dez. 1828

Lieber Arnim!

Ich hoffe doch, daß Du zu Weihnachten hierher kommst, ich finde keine Spur in Deinem Briefe; und doch erwarten Dich die Kinder und ich sehnsüchtig; daß Du nicht erlaubst, daß die Kinder die Ferien in Wiepersdorf zubringen, macht, daß auch ich keine habe, denn an Lernen werden sie nicht gewinnen, da ihre Lehrer auch abreisen.

Daß Deine Gesundheit besser ist, freut mich, vielleicht hat das Bad doch gute Wirkung getan, die erst später sich zeigt. Deine Sorge um die beiden Mädchen kannst Du auch beschwichtigen, ich habe jemand gefunden, der jeden Morgen hierher kömmt Unterricht zu geben in Handarbeiten, Schreiben, Lesen etc. Was die Mamsell Pfeifer anbelangt, so würde sie wahrscheinlich nicht zu uns gepaßt haben, soviel ich von ihr weiß.

Was Deine Beschämung anbelangt darüber, daß wir Guaitas nicht bewirten konnten, so kannst Du Dich nur darüber beruhigen. Guaita war ganz durchdrungen von Deiner Teilnahme, sein letztes Wort war, Dich zu grüßen; die Meline und Guaita wissen selbst aus Erfahrung, daß eine Frau, die mit 7 Kindern meist allein ist und soviel ermüdende Beschäftigungen hat, nicht geeignet ist, Gäste zu haben; sie haben ja auch gesehen, daß ich nicht Zeit hatte, an den Gesellschaften außer dem Hause Teil zu nehmen, und ich glaube, es wär im Gegenteil lächerlich gewesen, wenn wir uns sehr angestrengt hätten, eine Fête zu geben, die Keinem einen großen Eindruck gemacht haben würde und uns gewiß viel Last; wenn Du also deswegen fürchtest, wieder nach Frft. zu gehen, so kannst Du sicher glauben, daß kein Mensch eine Ahndung davon hat, daß Du Ursach habest, Dich zu schämen.

In der Stadt giebt es nichts neues, die Kriegsnachrichten sind in der Zeitung. Die Humboldt ist wieder bedenklich krank, Brühl hat seinen Abschied mit 4000 Taler Pension erhalten, jedermann wundert sich, daß Pitt nicht hier ist, um sich zu melden, ich selbst glaube, daß er seine Ansprüche geltend machen könnte.

Nun habe ich noch ein paar Bitten wegen Weihnachten; erstens, daß Du kömmst, die Kinder haben außer den beiden Mädchen denen ich Puppensachen versprochen, Verzicht auf ein Weihnachtspräsent getan (indem ich kein Geld dazu verwenden kann) in der Hoffnung ihre Feiertage in Wiepersdorf zuzubringen. Da nun hieraus nichts wird, so sei Du zum wenigsten hier. 2^{tens} wünschen die Kinder die Drechselbank wieder in Gang gebracht, da sie nun doch in Wiepersdorf nichts nützt, so lasse sie doch mit nächstem Wagen hierherbringen. Endlich könntest Du mir ein angenehmes Präsent machen, wenn Du mir den Schiefertisch schicktest, seine Ungleichheiten und Mängel können mit Bimsstein weggeschliffen werden, er wär mir sehr angenehm, willst Du aber nicht, so lasse es bleiben.

Du wirst meinen Brief mit der Berechnung meiner Ausgaben erhalten haben und Dich also nicht wundern, wenn ich Dir sage, daß ich die letzten hundert Taler bei Mendelssohn habe holen lassen; und es war noch ein großer Trost für mich, daß ich sie noch dort hatte. Gestern habe ich müssen Holz fahren lassen ¼ Kiehn, ¼ Eichen nebst Fuhrlohn und Macherlohn macht an 18 Taler. In Deinen Briefen liegt gewöhnlich der Vorwurf, daß ich Dir viel Sorge mache und Dein Aufenthalt hier in Berlin viel Verdrüßliches für Dich hat, wahrscheinlich wegen meiner Not, meiner Klagen und Unbehülflichkeit, ich mache mir selbst den Vorwurf, und mein Bestreben ist, dies womöglich zu ändern, ich hoffe auch damit zu Stande zu kommen; denn 1^{tens} habe ich mir selbst schon oft gesagt, daß ich nichts damit gewinne, wenn ich Dir jede Klage mitteile, 2^{tens} etwas was man besteht, ohne sich zu wehren, ist schon überwunden, und ich wünsche mir nichts mehr, als zum wenigsten für die Zukunft Deine Sorgen so viel wie möglich zu mildern, wenn ich sie nicht ganz vertreiben kann. Wie könnte ich mir ein größeres Glück wünschen, als wenn ich die Beruhigung hätte, daß Du in Deinem täglichen Leben keine Störung mehr hättest.

Wenn Du nur auch den Entschluß faßtest, mir monatlich ein gewisses Geld zu geben; ich bin weit entfernt, irgend eine verkehrte Ausgabe zu machen, aber mir ist es eine große Pein, daß Du Dir die enormen Summen vorstellest, während Du Dir keine Übersicht machest, Dir mich als einen Verschwender denkst und endlich glaubst ersparen zu müssen, wo kein Vorteil dabei ist, denn wenn ich auch ein paar Scheffel Äpfel kaufe so tue ich dies aus dem guten Grund, weil ich glaube, daß die Natur der Kinder für ihre Gesundheit Vorteil dabei hat, die Hypochondrie und Hämorrhoidalbeschwerde so vieler junger Leute glaube ich dadurch zu hindern.

Dem Freimund muß ich jetzt Taschengeld geben, ich würde es mir vorzuwerfen haben, wenn er stehlen lernte; so oft er Geld verlangt, gebe ich ihm ohne Widerrede, und ich muß sagen, er ist sehr bescheiden.

Leb von Herzen wohl und fühle die Notwendigkeit, so bald wie möglich herzukommen um doch den Kindern ihr Weihnachtsfest anzuordnen, kannst Du aber durchaus nicht, so schreib mir, ich will dann einem jeden etwas aussuchen.

Ich küsse Dich von Herzen. Heiderlitz ist gesund, noch hat es das Titzchen nicht verlassen.

WILHELM MÜLLER

GEBET IN DER CHRISTNACHT

O Liebe, die am Kreuze rang,
O Liebe, die den Tod bezwang
Für alle Menschenkinder,
Gedenk in dieser sel'gen Nacht,
Die dich zu uns herabgebracht,
Der Seelen, die dir fehlen!

O Liebe, die den Stern gesandt
Hinaus ins ferne Morgenland,
Die Könige zu rufen;
Die laut durch ihres Boten Mund
Sich gab den armen Hirten kund,
Wie bist du still geworden?

Noch eine fromme Hirtin liegt
In blinden Schlummer eingewiegt
Und träumt von grünen Bäumen.
Singt nicht vor ihrem Fensterlein
Ein Engel: Esther, laß mich ein,
Der Heiland ist geboren?

GEORG KERNER
AN JUSTINUS KERNER

Mittwoch d: 28. Dezember 1859

Liebes Großvaterle!

Ich danke dir vielmals für die schöne Muschelsammlung die du mir gegeben hast, ich wollte dir auch etwas machen allein das *Latein* hat es mir nicht erlaubt aber ich denke dir nächsten Christtag etwas zu geben und hoffe daß ich recht viele Muscheln zusamen bringe die Mama ist wirklich sehr unwohl und ligt im Bett und Schasseur beist oft die Buben weñ sie bös sind daher schreib mir nur weñ die bösen Gasselbuben unartig sind dañ laß ich den Schaseur kommen daß er sie züchtige.

Ich danke dir noch einmal herzlich, grüße auch das Hañele und die gnädige Contes. Es grüß euch euer Primus

Georg K.
Cannstatt 1859

THOMAS MANN

AN FRIEDA HARTENSTEIN

Lübeck d. 2. Januar 1890.

Liebes Fried!

(Bei der Anrede soll es bleiben.) Ich kann es doch nicht unterlassen, Ihnen, wenn auch etwas spät, meine herzlichsten Glückwünsche zum neuen Jahre darzubringen.

Sollten Sie sich nicht mehr in Ölznitz befinden, so wird Ihnen hoffendlich dieser Brief nachgesendet werden, und Sie werden die Güte haben mir Ihrige jetzige Adresse zu melden, damit ja unser Briefwechsel nicht aufgehoben wird.

Wir haben hier in Lübeck ein sehr fröhliges Weihnachtsfest gehabt und erhielten alle schöne Geschenke sowohl von Mama und Papa, als auch von Grossmama. Papa hatte allerdings Weinachtsabend schon die Influenza, aber es war doch sehr schön. Hoffendlich waren Sie auch recht vergnügt Weihnachten!

Bekamen Sie auch Neujahr einen schriftlichen Glückwunsch von Fridele? Wissen Sie? Mit 8 Siegeln. Fürstlich! Wir haben hier alle ein Wenig die Influenza gehabt, Gottlob dauert sie nie lange. Geht sie in Ölznitz auch um? Es wäre schade um das gesegnete Städtchen! Ich lese jetz immer sehr fleissig in Schillers Werken, welche ich zu Weihnachten bekam, und war eben gerade bei dem Gedicht: »Hecktors Abschied von Andromache«, da fiel mir der Abschied vor Ihrem Wagen ein an dem Morgen, wo Sie abfuhren. Das war doch wirklich eine dramatisch rührende Scene alsob die guten Damen mit Schiller sagen wollten: »Hecktors Liebe stirbt im Lethe nicht!« Sonnabend fängt die Schule wieder an. Denken Sie sich: Sonnabend! Welch ein Blöd!! Ich glaube jedoch ganz gut mit Arbeiten fertig zu werden. Aber jetzt will ich schliessen, liebes Fried. Viele Grüsse von Papa, Mama, Lula und Carla.

Gott erhalte sie so gesund, wie Sie hoffendlich sind

Ihr dankbarer

Th Mann

THOMAS MANN

WEIHNACHTEN BEI BUDDENBROOKS

Christian fehlte! Wo war Christian? Erst jetzt im letzten Augenblick bemerkte man, daß er noch nicht anwesend war. Die Bewegungen der Konsulin, die eigentümliche Manipulation, mit der sie vom Mundwinkel zur Frisur hinaufzustreichen pflegte, als brächte sie ein hinabgefallenes Haar an seine Stelle zurück, wurden noch fieberhafter... Sie instruierte eilig Mamsell Severin, und die Jungfer begab sich an den Chorknaben vorbei durch die Säulenhalle, zwischen den Hausarmen hin über den Korridor und pochte an Herrn Buddenbrooks Tür.

Gleich darauf erschien Christian. Er kam mit seinen mageren, krummen Beinen, die seit dem Gelenkrheumatismus etwas lahmten, ganz gemächlich ins Landschaftszimmer, indem er sich mit der Hand die kahle Stirne rieb.

»Donnerwetter, Kinder«, sagte er, »das hätte ich beinahe vergessen!«

»Du hättest es...«, wiederholte seine Mutter und erstarrte...

»Ja, beinah vergessen, daß heut Weihnacht ist... Ich saß und las... in einem Buch, einem Reisebuch über Südamerika... Du lieber Gott, ich habe schon andere Weihnachten gehabt...«, fügte er hinzu und war soeben im Begriff, mit der Erzählung von einem Heiligen Abend anzufangen, den er zu London in einem Tingeltangel fünfter Ordnung verlebt, als plötzlich die im Zimmer herrschende Kirchenstille auf ihn zu wirken begann, so daß er mit krausgezogener Nase und auf den Zehenspitzen zu seinem Platze ging.

»Tochter Zion, freue dich!« sangen die Chorknaben, und sie, die eben noch da draußen so hörbare Allotria getrieben, daß der Senator sich einen Augenblick an die

Tür hatte stellen müssen, um ihnen Respekt einzuflößen – sie sangen nun ganz wunderschön. Diese hellen Stimmen, die sich, getragen von den tieferen Organen, rein, jubelnd und lobpreisend aufschwangen, zogen aller Herzen mit sich empor, ließen das Lächeln der alten Jungfern milder werden und machten, daß die alten Leute in sich hineinsahen und ihr Leben überdachten, während die, welche mitten im Leben standen, ein Weilchen ihre Sorgen vergaßen.

Hanno ließ sein Knie los, das er bislang umschlungen gehalten hatte. Er sah ganz blaß aus, spielte mit den Fransen seines Schemels und scheuerte seine Zunge an einem Zahn, mit halbgeöffnetem Munde und einem Gesichtsausdruck, als fröre ihn. Dann und wann empfand er das Bedürfnis, tief aufzuatmen, denn jetzt, da der Gesang, dieser glockenreine A-cappella-Gesang die Luft erfüllte, zog sein Herz sich in einem fast schmerzhaften Glück zusammen. Weihnachten... Durch die Spalten der hohen, weißlackierten, noch fest geschlossenen Flügeltür drang der Tannenduft und erweckte mit seiner süßen Würze die Vorstellung der Wunder dort drinnen im Saale, die man jedes Jahr aufs neue mit pochenden Pulsen als eine unfaßbare, unirdische Pracht erharrte... Was würde dort drinnen für ihn sein? Das, was er sich gewünscht hatte, natürlich, denn das bekam man ohne Frage, gesetzt, daß es einem nicht als eine Unmöglichkeit zuvor schon ausgeredet worden war. Das Theater würde ihm gleich in die Augen springen und ihm den Weg zu seinem Platze weisen müssen, das ersehnte Puppentheater, das dem Wunschzettel für Großmama stark unterstrichen zu Häupten gestanden hatte und das seit dem ›Fidelio‹ beinahe sein einziger Gedanke gewesen war.

Ja, als Entschädigung und Belohnung für einen Besuch bei Herrn Brecht hatte Hanno kürzlich zum ersten Male das Theater besucht, das Stadttheater, wo er im ersten Range an der Seite seiner Mutter atemlos den Klängen und Vorgängen des ›Fidelio‹ hatte folgen dürfen. Seitdem träumte er nichts als Opernszenen, und eine Leidenschaft für die Bühne erfüllte ihn, die ihn kaum schlafen ließ. Mit unaussprechlichem Neide betrachtete er auf der Straße die Leute, die, wie ja auch sein Onkel Christian, als Theaterhabitués bekannt waren, Konsul Döhlmann, Makler Gosch... War das Glück ertragbar, wie sie fast jeden Abend dort anwesend sein zu dürfen? Könnte er nur einmal in der Woche vor Beginn der Aufführung einen Blick in den Saal tun, das Stimmen der Instrumente hören und ein wenig den geschlossenen Vorhang ansehen! Denn er liebte alles im Theater: den Gasgeruch, die Sitze, die Musiker, den Vorhang...

Wird sein Puppentheater groß sein? Groß und breit? Wie wird der Vorhang aussehen? Man muß baldmöglichst ein kleines Loch hineinschneiden, denn auch im Vorhang des Stadttheaters war ein Guckloch... Ob Großmama oder Mamsell Severin – denn Großmama konnte nicht alles besorgen – die nötigen Dekorationen zum ›Fidelio‹ gefunden hatte? Gleich morgen wird er sich irgendwo einschließen und ganz allein eine Vorstellung geben... Und schon ließ er seine Figuren im Geiste singen; denn die Musik hatte sich ihm mit dem Theater sofort aufs engste verbunden...

»Jauchze laut, Jerusalem!« schlossen die Chorknaben, und die Stimmen, die fugenartig nebeneinander hergegangen waren, fanden sich in der letzten Silbe friedlich und freudig zusammen. Der klare Akkord verhallte, und tiefe Stille legte sich über Säulenhalle und Landschaftszimmer. Die Mitglieder der Familie blickten unter dem Drucke der Pause vor sich nieder; nur Direktor Weinschenks Augen schweiften keck und unbefangen umher, und Frau Permaneder ließ ihr trocknes Räuspern vernehmen, das ununterdrückbar war. Die Konsulin aber schritt langsam zum Tische und setzte sich inmitten ihrer Angehörigen auf das Sofa, das nun nicht mehr wie in alter Zeit unabhängig und abgesondert vom Tische dastand. Sie rückte die Lampe zurecht und zog die große Bibel heran, deren altersbleiche Goldschnittfläche ungeheuerlich breit war. Dann schob sie die Brille auf die Nase, öffnete die beiden ledernen Spangen, mit denen das kolossale Buch geschlossen war, schlug dort auf, wo das Zeichen lag, daß das dicke, rauhe, gelbliche Papier mit dem übergroßen Druck zum Vorschein kam, nahm einen Schluck Zuckerwasser und begann, das Weihnachtskapitel zu lesen.

Sie las die altvertrauten Worte langsam und mit einfacher, zu Herzen gehender Betonung, mit einer Stimme, die sich klar, bewegt und heiter von der andächtigen Stille abhob. »Und den Menschen ein Wohlgefallen!« sagte sie. Kaum aber schwieg sie, so erklang in der Säulenhalle dreistimmig das »Stille Nacht, heilige Nacht«, in das die Familie im Landschaftszimmer einstimmte. Man ging ein wenig vorsichtig zu Werke dabei, denn die meisten der Anwesenden waren unmusikalisch, und hie und da vernahm man in dem Ensemble einen tiefen und ganz ungehörigen Ton... Aber das beeinträchtigte nicht die Wirkung dieses Liedes... Frau Permaneder sang es mit bebenden Lippen, denn am süßesten und schmerzlichsten rührt es an dessen Herz, der ein bewegtes Leben hinter sich hat und im kurzen Frieden der Feierstunde Rückblick hält... Madame Kethelsen weinte still und bitterlich, obgleich sie von allem fast nichts vernahm.

Und dann erhob sich die Konsulin. Sie ergriff die Hand ihres Enkels Johann und die ihrer Urenkelin Elisabeth und schritt durch das Zimmer. Die alten Herrschaften schlossen sich an, die jüngeren folgten, in der Säulenhalle gesellten sich die Dienstboten und die Hausarmen hinzu, und während alles einmütig »O Tannenbaum« anstimmte und Onkel Christian vorn die Kinder zum Lachen brachte, indem er beim Marschieren die Beine hob wie ein Hampelmann und albernerweise »O Tantebaum« sang, zog man mit geblendeten Augen und einem Lächeln auf dem Gesicht durch die weitgeöffnete hohe Flügeltür direkt in den Himmel hinein.

Der ganze Saal, erfüllt von dem Dufte angesengter Tannenzweige, leuchtete und glitzerte von unzähligen kleinen Flammen, und das Himmelblau der Tapete mit ihren weißen Götterstatuen ließ den großen Raum noch heller erscheinen. Die Flämmchen der Kerzen, die dort hinten zwischen den dunkelrot verhängten Fenstern den gewaltigen Tannenbaum bedeckten, welcher, geschmückt mit Silberflittern und großen, weißen Lilien, einen schimmernden Engel an seiner Spitze und ein plastisches Krippenarrangement zu seinen Füßen, fast bis zur Decke emporragte, flimmerten in der allgemeinen Lichtflut wie ferne Sterne. Denn auf der weißgedeckten Tafel, die sich lang und breit, mit den Geschenken beladen, von den Fenstern fast bis zur Türe zog, setzte sich eine Reihe kleinerer, mit Konfekt behängter Bäume fort, die ebenfalls von brennenden Wachslichtern erstrahlten. Und es brannten die Gasarme, die aus den Wänden hervorkamen, und es brannten die dicken Kerzen auf den vergoldeten Kandelabern in allen vier Winkeln. Große Gegenstände, Geschenke, die auf der Tafel nicht Platz hatten, standen nebeneinander auf dem Fußboden. Kleinere Tische, ebenfalls weiß gedeckt, mit Gaben belegt und mit brennenden Bäumchen geschmückt, befanden sich zu den Seiten der beiden Türen: Das waren die Bescherungen der Dienstboten und der Hausarmen.

Singend, geblendet und dem altvertrauten Raume ganz entfremdet umschritt man einmal den Saal, defilierte an der Krippe vorbei, in der ein wächsernes Jesuskind das Kreuzeszeichen zu machen schien, und blieb dann, nachdem man Blick für die einzelnen Gegenstände bekommen hatte, verstummend an seinem Platze stehen.

Hanno war vollständig verwirrt. Bald nach dem Eintritt hatten seine fieberhaft suchenden Augen das Theater erblickt... ein Theater, das, wie es dort oben auf dem Tische prangte, von so extremer Größe und Breite erschien, wie er es sich vorzustellen niemals erkühnt hatte. Aber sein Platz hatte gewechselt, er befand sich an einer der vorjährigen entgegengesetzten Stelle, und dies bewirkte, daß Hanno in seiner Verblüffung ernstlich daran zweifelte, ob dies fabelhafte Theater für ihn bestimmt sei. Hinzu kam, daß zu den Füßen der Bühne, auf dem Boden, etwas Großes, Fremdes aufgestellt war, etwas, was nicht auf seinem Wunschzettel gestanden hatte, ein Möbel, ein kommodenartiger Gegenstand... war er für ihn?

»Komm her, Kind, und sieh dir dies an«, sagte die Konsulin und öffnete den Deckel. »Ich weiß, du spielst gern Choräle... Herr Pfühl wird dir die nötigen Anweisungen geben... Man muß immer treten... manchmal schwächer und manchmal stärker... und dann die Hände nicht aufheben, sondern immer nur so peu à peu die Finger wechseln...«

Es war ein Harmonium, ein kleines, hübsches Harmonium, braun poliert, mit Metallgriffen an beiden Seiten, bunten Tretbälgen und einem zierlichen Drehsessel. Hanno griff einen Akkord... ein sanfter Orgelklang löste sich los und ließ die Umstehenden von ihren Geschenken aufblicken... Hanno umarmte seine Großmutter, die ihn zärtlich an sich preßte und ihn dann verließ, um die Danksagungen der anderen entgegenzunehmen.

Er wandte sich dem Theater zu. Das Harmonium war ein überwältigender Traum, aber er hatte doch fürs erste noch keine Zeit, sich näher damit zu beschäftigen. Es war der Überfluß des Glückes, in dem man, undankbar gegen das einzelne, alles nur flüchtig berührt, um erst einmal das Ganze übersehen zu lernen... Oh, ein Soufleurkasten war da, ein muschelförmiger Souffleurkasten, hinter dem breit und majestätisch in Rot und Gold der Vorhang emporrollte. Auf der Bühne war die Dekoration des letzten Fidelio-Aktes aufgestellt. Die armen Gefangenen falteten die Hände. Don Pizarro, mit gewaltig gepufften Ärmeln, verharrte irgendwo in fürchterlicher Attitüde. Und von hinten nahte im Geschwindschritt und ganz in schwarzem Sammet der Minister, um alles zum besten zu kehren. Es war wie im Stadttheater und beinahe noch schöner. In Hannos Ohren widerhallte der Jubelchor, das Finale, und er setzte sich vor das Harmonium, um ein Stückchen daraus, das er behalten, zum Erklingen zu bringen... Aber er stand wieder auf, um das Buch zur Hand zu nehmen, das erwünschte Buch der griechischen Mythologie, das ganz rot gebunden war und eine goldene Pallas Athene auf dem Deckel trug. Er aß von seinem Teller mit Konfekt, Marzipan und braunen Kuchen, musterte die kleineren Dinge, die Schreibutensilien und Schulhefte, und vergaß einen Augenblick alles übrige über einem Federhalter, an dem sich irgendwo ein winziges Glaskörnchen befand, das man nur vors Auge zu halten brauchte, um wie durch Zauberspiel eine weite Schweizerlandschaft vor sich zu sehen...

Jetzt gingen Mamsell Severin und das Folgmädchen mit Tee und Biskuits umher, und während Hanno eintauchte, fand er ein wenig Muße, von seinem Platze aufzusehen. Man stand an der Tafel oder ging daran hin und her, plauderte und lachte, indem man einander die Geschenke zeigte und die des anderen bewunderte. Es gab da Gegenstände aus allen Stoffen: aus Porzellan, aus Nickel, aus Silber, aus Gold, aus Holz, Seide und Tuch. Große, mit Mandeln und Sukkade symmetrisch besetzte braune Kuchen lagen abwechselnd mit massiven Marzipanbroten, die innen naß waren vor Frische, in langer Reihe auf dem Tische. Diejenigen Geschenke, die Frau Permaneder angefertigt oder dekoriert hatte, ein Arbeitsbeutel, ein Untersatz für Blattpflanzen, ein Fußkissen, waren mit großen Atlasschleifen geziert.

Dann und wann besuchte man den kleinen Johann, legte den Arm um seinen Matrosenkragen und nahm seine Geschenke mit der ironisch übertriebenen Bewunderung in Augenschein, mit der man die Herrlichkeiten der Kinder zu bestaunen pflegt. Nur Onkel Christian wußte nichts von diesem Erwachsenenhochmut, und seine Freude an dem Puppentheater, als er, einen Brillantring am Finger, den er von seiner Mutter beschert bekommen hatte, an Hannos Platz vorüberschlenderte, unterschied sich gar nicht von der seines Neffen.

»Donnerwetter, das ist drollig!« sagte er, indem er

den Vorhang auf- und niederzog und einen Schritt zurücktrat, um das szenische Bild zu betrachten. »Hast du dir das gewünscht? – So, das hast du dir also gewünscht«, sagte er plötzlich, nachdem er eine Weile mit sonderbarem Ernst und voll unruhiger Gedanken seine Augen hatte wandern lassen. »Warum? Wie kommst du auf den Gedanken? Bist du schon mal im Theater gewesen?… Im ›Fidelio‹? Ja, das wird gut gegeben… Und nun willst du das nachmachen, wie? nachahmen, selbst Opern aufführen?… Hat es solchen Eindruck auf dich gemacht?… Hör mal, Kind, laß dir raten, hänge deine Gedanken nur nicht zu sehr an solche Sachen… Theater… und so was… Das taugt nichts, glaube deinem Onkel. Ich habe mich auch immer viel zu sehr für diese Dinge interessiert, und darum ist auch nicht viel aus mir geworden. Ich habe große Fehler begangen, mußt du wissen…«

Er hielt das seinem Neffen ernst und eindringlich vor, während Hanno neugierig zu ihm aufsah. Dann jedoch, nach einer Pause, während welcher in Betrachtung des Theaters sein knochiges und verfallenes Gesicht sich aufhellte, ließ er plötzlich eine Figur sich auf der Bühne vorwärts bewegen und sang mit hohl krächzender und tremolierender Stimme: »Ha, welch gräßliches Verbrechen!«, worauf er den Sessel des Harmoniums vor das Theater schob, sich setzte und eine Oper aufzuführen begann, indem er, singend und gestikulierend, abwechselnd die Bewegungen des Kapellmeisters und der agierenden Personen vollführte. Hinter seinem Rücken versammelten sich mehrere Familienmitglieder, lachten, schüttelten den Kopf und amüsierten sich. Hanno sah ihm mit aufrichtigem Vergnügen zu. Nach einer Weile aber, ganz überraschend, brach Christian ab. Er verstummte, ein unruhiger Ernst überflog sein Gesicht, er strich mit der Hand über seinen Schädel und an seiner linken Seite hinab und wandte sich dann mit krauser Nase und sorgenvoller Miene zum Publikum.

»Ja, seht ihr, nun ist es wieder aus«, sagte er; »nun kommt wieder die Strafe. Es rächt sich immer gleich, wenn ich mir mal einen Spaß erlaube. Es ist kein Schmerz, wißt ihr, es ist eine Qual... eine unbestimmte Qual, weil hier alle Nerven zu kurz sind. Sie sind ganz einfach alle zu kurz...«

Aber die Verwandten nahmen diese Klagen ebensowenig ernst wie seine Späße und antworteten kaum. Sie zerstreuten sich gleichgültig, und so saß denn Christian noch eine Zeitlang stumm vor dem Theater, betrachtete es mit schnellem und gedankenvollem Blinzeln und erhob sich dann.

»Na, Kind, amüsiere dich damit«, sagte er, indem er über Hannos Haar strich. »Aber nicht zuviel... und vergiß deine ernsten Arbeiten nicht darüber, hörst du? Ich habe viele Fehler gemacht... Jetzt will ich aber in den Klub... Ich gehe ein bißchen in den Klub!« rief er den Erwachsenen zu. »Da feiern sie auch Weihnachten heut. Auf Wiedersehn.« Und mit steifen, krummen Beinen ging er durch die Säulenhalle von dannen.

Alle hatten heute früher als sonst zu Mittag gegessen und sich daher mit Tee und Biskuits ausgiebig bedient. Aber man war kaum damit fertig, als große Kristallschüsseln mit einem gelben, körnigen Brei zum Imbiß herumgereicht wurden. Es war Mandelcreme, ein Gemisch aus Eiern, geriebenen Mandeln und Rosenwasser, das ganz wundervoll schmeckte, das aber, nahm man ein Löffelchen zuviel, die furchtbarsten Magenbeschwerden verursachte. Dennoch, und obgleich die Konsulin bat, für das Abendbrot »ein kleines Loch offenzulassen«, tat man sich keinen Zwang an. Was Klothilde betraf, so vollführte sie Wunderdinge. Still und dankbar löffelte sie die Mandelcreme, als wäre es Buchweizengrütze. Zur Erfrischung gab es auch Weingelee in Gläsern, wozu englischer Plumcake gegessen wurde. Nach und nach zog man sich ins Landschaftszimmer hinüber und gruppierte sich mit den Tellern um den Tisch.

Hanno blieb allein im Saale zurück, denn die kleine Elisabeth Weinschenk war nach Hause gebracht worden, während er dieses Jahr zum ersten Male zum

Abendessen in der Mengstraße bleiben durfte, die Dienstmädchen und die Hausarmen hatten sich mit ihren Geschenken zurückgezogen, und Ida Jungmann plauderte in der Säulenhalle mit Rieckchen Severin, obgleich sie, als Erzieherin, der Jungfer gegenüber gewöhnlich eine strenge gesellschaftliche Distanz innehielt. Die Lichter des großen Baumes waren herabgebrannt und ausgelöscht, so daß die Krippe nun im Dunkel lag; aber einzelne Kerzen an den kleinen Bäumen auf der Tafel brannten noch, und hie und da geriet ein Zweig in den Bereich eines Flämmchens, sengte knisternd an und verstärkte den Duft, der im Saale herrschte. Jeder Lufthauch, der die Bäume berührte, ließ die Stücke Flittergoldes, die daran befestigt waren, mit einem zart metallischen Geräusch erschauern. Es war nun wieder still genug, die leisen Drehorgelklänge zu vernehmen, die von einer fernen Straße durch den kalten Abend daherkamen.

Hanno genoß die weihnachtlichen Düfte und Laute mit Hingebung. Er las, den Kopf in die Hand gestützt, in seinem Mythologiebuch, aß mechanisch und weil es zur Sache gehörte, Konfekt, Marzipan, Mandelcreme und Plumcake, und die ängstliche Beklommenheit, die ein überfüllter Magen verursacht, vermischte sich mit der süßen Erregung des Abends zu einer wehmütigen Glückseligkeit. Er las von den Kämpfen, die Zeus zu bestehen hatte, um zur Herrschaft zu gelangen, und horchte dann und wann einen Augenblick ins Wohnzimmer hinüber, wo man Tante Klothildens Zukunft eingehend besprach.

Klothilde war weitaus die Glücklichste von allen an diesem Abend und nahm die Gratulationen und Neckereien, die ihr von allen Seiten zuteil wurden, mit einem Lächeln entgegen, das ihr aschgraues Gesicht verklärte; ihre Stimme brach sich beim Sprechen vor freudiger Bewegung. – Sie war in das ›Johanniskloster‹ aufgenommen worden. Der Senator hatte ihr die Aufnahme unterderhand im Verwaltungsrat erwirkt, obgleich gewisse Herren heimlich über Nepotismus gemurrt hatten. Man unterhielt sich über diese dankenswerte Institution, die den adeligen Damenklöstern in Mecklenburg, Dobbertin und Ribnitz, entsprach und die würdige Altersversorgung mittelloser Mädchen aus verdienter und alteingesessener Familie bezweckte. Der armen Klothilde war nun zu einer kleinen, aber sicheren Rente verholfen, die sich mit den Jahren steigern würde, und für ihr Alter, wenn sie in die höchste Klasse aufgerückt sein würde, sogar zu einer friedlichen und reinlichen Wohnung im Kloster selbst...

Der kleine Johann verweilte ein wenig bei den Erwachsenen, aber er kehrte bald in den Saal zurück, der nun, da er weniger licht erstrahlte und mit seiner Herrlichkeit keine so verblüffte Scheu mehr hervorrief wie anfangs, einen Reiz von neuer Art ausübte. Es war ein ganz seltsames Vergnügen, wie auf einer halbdunklen Bühne nach Schluß der Vorstellung darin umherzustreifen und ein wenig hinter die Kulissen zu sehen: die Lilien des großen Tannenbaumes mit ihren goldenen Staubfäden aus der Nähe zu betrachten, die Tier- und Menschenfiguren des Krippenaufbaus in die Hand zu nehmen, die Kerze ausfindig zu machen, die den transparenten Stern über Bethlehems Stall hatte leuchten lassen, und das lang herabhängende Tafeltuch zu lüften, um der Menge von Kartons und Packpapieren gewahr zu werden, die unter dem Tisch aufgestapelt waren.

Auch gestaltete sich die Unterhaltung im Landschaftszimmer immer weniger anziehend. Mit unentrinnbarer Notwendigkeit war allmählich die eine, unheimliche Angelegenheit Gegenstand des Gespräches geworden, über die man bislang dem festlichen Abend zu Ehren geschwiegen, die aber fast keinen Augenblick aufgehört hatte, alle Gemüter zu beschäftigen: Direktor Weinschenks Prozeß. Hugo Weinschenk selbst hielt Vortrag darüber, mit einer gewissen wilden Munterkeit in Miene und Bewegungen. Er berichtete über Einzelheiten der nun durch das Fest unterbrochenen Zeugenvernehmung, tadelte lebhaft die allzu bemerkbare Voreingenommenheit des Präsidenten Doktor Philander und kritisierte mit souveränem Spott den höhnischen Ton, den der Staatsanwalt Doktor Hagenström gegen ihn und die Entlastungszeugen anzuwenden für passend erachte. Übrigens habe Breslauer verschiedene belastende Aussagen sehr witzig entkräftet und ihm aufs bestimmteste versichert, daß an eine Verurteilung vorläufig gar nicht zu denken sei. – Der Senator warf hie und da aus Höflichkeit eine Frage ein, und Frau Permaneder, die mit emporgezogenen Schultern auf dem Sofa saß, murmelte manchmal einen furchtbaren Fluch gegen Moritz Hagenström. Die übrigen aber schwiegen. Sie schwiegen so tief, daß auch der Direktor allmählich verstummte; und während drüben im Saale dem kleinen Hanno die Zeit schnell wie im Himmelreiche verging, lagerte im Landschaftszimmer eine schwere, beklommene, ängstliche Stille, die noch fortherrschte, als um halb neun Uhr Christian aus dem Klub von der Weihnachtsfeier der Junggesellen und Suitiers zurückkehrte.

Ein erkalteter Zigarrenstummel stak zwischen seinen Lippen, und seine hageren Wangen waren gerötet. Er kam durch den Saal und sagte, als er ins Landschaftszimmer trat: »Kinder, der Saal ist doch wunderhübsch! Weinschenk, wir hätten heute eigentlich Breslauer mitbringen sollen; so was hat er sicher noch gar nicht gesehen.«

Ein stiller, strafender Seitenblick traf ihn aus den Augen der Konsulin. Er erwiderte ihn mit unbefangener und verständnislos fragender Miene. – Um neun Uhr ging man zu Tische.

Wie alljährlich an diesem Abend war in der Säulenhalle gedeckt worden. Die Konsulin sprach mit herzlichem Ausdruck das hergebrachte Tischgebet:

Komm, Herr Jesus, sei unser Gast
Und segne, was du uns bescheret hast,

woran sie, wie an diesem Abend ebenfalls üblich, eine kleine, mahnende Ansprache schloß, die hauptsächlich aufforderte, aller derer zu gedenken, die es an diesem

Heiligen Abend nicht so gut hätten wie die Familie Buddenbrook... Und als dies erledigt war, setzte man sich mit gutem Gewissen zu einer nachhaltigen Mahlzeit nieder, die alsbald mit Karpfen in aufgelöster Butter und mit altem Rheinwein ihren Anfang nahm.

Der Senator schob ein paar Schuppen des Fisches in sein Portemonnaie, damit während des ganzen Jahres das Geld nicht darin ausgehe; Christian aber bemerkte trübe, das helfe ja doch nichts, und Konsul Kröger entschlug sich solcher Vorsichtsmaßregeln, da er ja keine Kursschwankungen mehr zu fürchten habe und mit seinen anderthalb Schillingen längst im Hafen sei. Der alte Herr saß möglichst weit entfernt von seiner Frau, mit der er seit Jahr und Tag beinahe kein Wort mehr sprach, weil sie nicht aufhörte, dem enterbten Jakob, der in London, Paris oder Amerika – nur sie wußte das bestimmt – sein entwurzeltes Abenteuerleben führte, heimlich Geld zufließen zu lassen. Er runzelte finster die Stirn, als beim zweiten Gange sich das Gespräch den abwesenden Familienmitgliedern zuwandte und als er sah, wie die schwache Mutter sich die Augen trocknete. Man erwähnte die in Frankfurt und die in Hamburg, man gedachte auch ohne Übelwollen des Pastors Tiburtius in Riga, und der Senator stieß in aller Stille mit seiner Schwester Tony auf die Gesundheit der Herren Grünlich und Permaneder an, die in gewissem Sinne doch auch dazugehörten...

Der Puter, gefüllt mit einem Brei von Maronen, Rosinen und Äpfeln, fand das allgemeine Lob. Vergleiche mit denen früherer Jahre wurden angestellt, und es ergab sich, daß dieser seit langer Zeit der größte war. Es gab gebratene Kartoffeln, zweierlei Gemüse und zweierlei Kompott dazu, und die kreisenden Schüsseln enthielten Portionen, als ob es sich bei jeder einzelnen von ihnen nicht um eine Beigabe und Zutat, sondern um das Hauptgericht handelte, an dem alle sich sättigen sollten. Es wurde alter Rotwein von der Firma Möllendorpf getrunken.

Der kleine Johann saß zwischen seinen Eltern und

verstaute mit Mühe ein weißes Stück Brustfleisch nebst Farce in seinem Magen. Er konnte nicht mehr soviel essen wie Tante Thilda, sondern fühlte sich müde und nicht sehr wohl; er war nur stolz darauf, daß er mit den Erwachsenen tafeln durfte, daß auch auf *seiner* kunstvoll gefalteten Serviette eins von diesen köstlichen, mit Mohn bestreuten Milchbrötchen gelegen hatte, daß auch vor *ihm* drei Weingläser standen, während er sonst aus dem kleinen goldenen Becher, dem Patengeschenk Onkel Krögers, zu trinken pflegte... Aber als dann, während Onkel Justus einen ölgelben griechischen Wein in die kleinsten Gläser zu schenken begann, die Eisbaisers erschienen – rote, weiße und braune –, wurde auch sein Appetit wieder rege. Er verzehrte, obgleich es ihm fast unerträglich weh an den Zähnen tat, ein rotes, dann die Hälfte eines weißen, mußte schließlich doch auch von den braunen, mit Schokoladeeis gefüllten, ein Stück probieren, knusperte Waffeln dazu, nippte an dem süßen Wein und hörte auf Onkel Christian, der ins Reden gekommen war.

Er erzählte von der Weihnachtsfeier im Klub, die sehr fidel gewesen sei. »Du lieber Gott!« sagte er in jenem Tone, in dem er von Johnny Thunderstorm zu sprechen pflegte. »Die Kerls tranken Schwedischen Punsch wie Wasser!«

»Pfui«, bemerkte die Konsulin kurz und schlug die Augen nieder.

Aber er beachtete das nicht. Seine Augen begannen zu wandern, und Gedanken und Erinnerungen waren so lebendig in ihm, daß sie wie Schatten über sein hageres Gesicht huschten.

»Weiß jemand von euch«, fragte er, »wie es ist, wenn man zuviel Schwedischen Punsch getrunken hat? Ich meine nicht die Betrunkenheit, sondern das, was am nächsten Tage kommt, die Folgen... sie sind sonderbar und widerlich... ja, sonderbar und widerlich zu gleicher Zeit.«

»Grund genug, sie genau zu beschreiben«, sagte der Senator.

»Assez, Christian, dies interessiert uns durchaus nicht«, sagte die Konsulin.

Aber er überhörte es. Es war seine Eigentümlichkeit, daß in solchen Augenblicken keine Einrede zu ihm drang. Er schwieg eine Weile, und dann plötzlich schien das, was ihn bewegte, zur Mitteilung reif zu sein.

»Du gehst umher und fühlst dich übel«, sagte er und wandte sich mit krauser Nase an seinen Bruder. »Kopfschmerzen und unordentliche Eingeweide... nun ja, das gibt es auch bei anderen Gelegenheiten. Aber du fühlst dich *schmutzig*« – und Christian rieb mit gänzlich verzerrtem Gesicht seine Hände –, »du fühlst dich schmutzig und ungewaschen am ganzen Körper. Du wäschst deine Hände, aber es nützt nichts, sie fühlen sich feucht und unsauber an, und deine Nägel haben etwas Fettiges... Du badest dich, aber es hilft nichts, dein ganzer Körper scheint dir klebrig und unrein. Dein ganzer Körper ärgert dich, reizt dich, du bist dir selbst zum Ekel... Kennst du es, Thomas, kennst du es?«

»Ja, ja!« sagte der Senator mit abwehrender Handbewegung. Aber mit der seltsamen Taktlosigkeit, die mit den Jahren immer mehr an Christian hervortrat und ihn nicht daran denken ließ, daß diese Auseinandersetzung von der ganzen Tafelrunde peinlich empfunden wurde, daß sie in dieser Umgebung und an diesem Abend nicht am Platze war, fuhr er fort, den üblen Zustand nach übermäßigem Genuß von Schwedischem Punsch zu schildern, bis er glaubte, ihn erschöpfend charakterisiert zu haben, und allmählich verstummte.

Bevor man zu Butter und Käse überging, ergriff die Konsulin noch einmal das Wort zu einer kleinen Ansprache an die Ihrigen. Wenn auch nicht alles, sagte sie, im Laufe der Jahre sich so gestaltet habe, wie man es kurzsichtig und unweise erwünscht habe, so bleibe doch immer noch übergenug des sichtbarlichen Segens übrig, um die Herzen mit Dank zu erfüllen. Gerade der Wechsel von Glück und strenger Heimsuchung zeige, daß Gott seine Hand niemals von der Familie gezogen, sondern daß er ihre Geschicke nach tiefen und weisen Absichten gelenkt habe und lenke, die ungeduldig ergründen zu wollen man sich nicht erkühnen dürfe. Und nun wolle man, mit hoffendem Herzen, einträchtig anstoßen auf das Wohl der Familie, auf ihre Zukunft, jene Zukunft, die dasein werde, wenn die Alten und Älteren unter den Anwesenden längst in kühler Erde ruhen würden... auf die Kinder, denen das heutige Fest ja recht eigentlich gehöre...

Und da Direktor Weinschenks Töchterchen nicht mehr anwesend war, mußte der kleine Johann, während die Großen auch untereinander sich zutranken, allein einen Umzug um die Tafel halten, um mit allen, von der Großmutter bis zu Mamsell Severin hinab, anzustoßen. Als er zu seinem Vater kam, hob der Senator, indem er sein Glas dem des Kindes näherte, sanft Hannos Kinn empor, um ihm in die Augen zu sehen... Er fand nicht seinen Blick; denn Hannos lange, goldbraune Wimpern hatten sich tief, tief, bis auf die zart bläuliche Umschattung seiner Augen gesenkt.

Therese Weichbrodt aber ergriff seinen Kopf mit beiden Händen, küßte ihn mit leise knallendem Geräusch auf jede Wange und sagte mit einer Betonung, so herzlich, daß Gott ihr nicht widerstehen konnte: »Sei glöcklich, du gutes Kend!«

– Eine Stunde später lag Hanno in seinem Bett, das jetzt in dem Vorzimmer stand, welches man vom Korridor der zweiten Etage aus betrat und an das zur Linken das Ankleidekabinett des Senators stieß. Er lag auf dem Rücken, aus Rücksicht auf seinen Magen, der sich mit all dem, was er im Laufe des Abends hatte in Empfang nehmen müssen, noch keineswegs ausgesöhnt hatte, und sah mit erregten Augen der guten Ida entgegen, die, schon in der Nachtjacke, aus ihrem Zimmer kam und mit einem Wasserglase vor sich in der Luft umrührende Kreisbewegungen beschrieb. Er trank das kohlensaure Natron rasch aus, schnitt eine Grimasse und ließ sich wieder zurückfallen.

»Ich glaube, nun muß ich mich erst recht übergeben, Ida.«

»Ach wo, Hannochen. Nur still auf dem Rücken liegen... Aber siehst du wohl? Wer hat dir mehrmals zugewinkt? Und wer nicht folgen wollt', war das Jungchen...«

»Ja, ja, vielleicht geht es auch gut... Wann kommen die Sachen, Ida?«

»Morgen früh, mein Jungchen.«

»Daß sie hier hereingesetzt werden! Daß ich sie gleich habe!«

»Schon gut, Hannochen, aber erst mal ausschlafen.« Und sie küßte ihn, löschte das Licht und ging.

Er war allein, und während er still liegend sich der segenvollen Wirkung des Natrons überließ, entzündete sich vor seinen geschlossenen Augen der Glanz des Bescherungssaales aufs neue. Er sah sein Theater, sein Harmonium, sein Mythologiebuch und hörte irgendwo in der Ferne das »Jauchze laut, Jerusalem« der Chorknaben. Alles flimmerte. Ein mattes Fieber summte in seinem Kopfe, und sein Herz, das von dem revoltierenden Magen ein wenig beengt und beängstigt wurde, schlug langsam, stark und unregelmäßig. In einem Zustand von Unwohlsein, Erregtheit, Beklommenheit, Müdigkeit und Glück lag er lange und konnte nicht schlafen.

ROBERT WALSER

WEIHNACHT

In einem Buch ich las
von einem Städtchen zart wie Glas;
die Dächer, Türme, Giebel
hatten etwas von einer Fibel,
und Niedlichkeiten gab es da,
wie man sie zierl'cher nirgends sah.
Jeweilen um das Weihnachtsfest
kamen Schauspieler in das Nest
mit Heroinen und Novizen
und nigelnagelneuen Witzen.
Wie war Amalia im Park
in der Franzmoorabfert'gung stark.
Entzückend zückte sie den Degen
ihret- und ihres Lieblings wegen.
Tragisch marschierte auf die Bühne
Hamlet, der Däne, und der Hüne
Othello taumelte zur Erde
mit eifersüchtiger Gebärde.
Dieweil man noch ein Knabe sei,
agierte man im Wald Karl May,
an dessen »Sklavenkarawane«
ich hiemit literarisch mahne.
Zur schönen Weihnachtszeit glich kaum
das Kleinstadtbild nicht einem Traum.

JULES SUPERVIELLE

OCHS UND ESEL BEI DER KRIPPE

[...] Gebet des Ochsen: »Du, himmlisches Kind, du darfst mich nicht nach meinem bestürzten Gesicht beurteilen, das nicht begreift. Werde ich wohl eines Tages nicht mehr einem kleinen Felsen gleichen, der vorrückt?

Du mußt wissen, daß diese Hörner mehr ein Schmuck sind als etwas anderes; ich will dir sogar eingestehen, daß ich sie noch nie gebraucht habe. Jesus, wirf ein wenig deines Lichts auf all die Wirrnisse und die Ärmlichkeiten, die in mir sind! Lehre mich ein wenig von deiner Feinheit, du, dessen Füßchen und Händchen so sorgfältig an deinen Körper gefügt sind. Wirst du mir sagen, mein kleiner Herr, wieso es eines Tages genügte, den Kopf zu drehen, um dich ganz zu sehen? Wie ich dir danke, daß ich vor dir knien konnte, du wunderbares Kind, und auch in der Gemeinschaft der Engel und Sterne leben durfte! Manchmal frage ich mich, ob du nicht schlecht unterrichtet warst und ob ich wohl der Richtige bin, der hier sein muß. Vielleicht hast du nicht bemerkt, daß ich eine große Narbe auf dem Rücken habe und daß ich an der Seite kahl bin; das ist sehr häßlich. Ich will sogar in der Familie bleiben: könnten nicht besser mein Bruder oder meine Vettern hier sein, die sind alle viel schöner als ich! Wären nicht überhaupt der Löwe oder der Adler hier besser am Platze?«

»Sei doch still«, sagte der Esel, »was hast du denn so zu stöhnen, merkst du nicht, wie du es im Schlaf störst mit deinem ewigen Kauen?«

›Er hat recht‹, sagte sich der Ochs, ›man muß schweigen können, auch wenn man so glücklich ist, daß man es nicht verbergen kann.‹

Doch auch der Esel betete:

»Zugesel, Packesel, das Leben wird schön für unsere

Tritte, und auf lustigen Weiden werden die Füllen ihre Zeiten erleben. Dank dir, du junger kleiner Mensch, bleiben nun die Steine an ihrem rechten Platz auf der Straße liegen, sie sollen nicht mehr auf uns fallen. Andrerseits: Warum sollte es denn noch Hügel und Berge auf unsern Wegen geben? Wäre nicht das Ebene für die ganze Welt gut? Und warum trägt der Ochs, der doch viel stärker ist als unsereins, niemals einen auf seinem Rücken? Und warum sind meine Ohren so lang, warum habe ich keine schönen Haare an meinem Schweif, und meine Hufe sind so klein, und meine Brust ist eng, und meine Stimme ist rauh wie Winterwetter. Aber das ist wahrscheinlich eben noch nicht das letzte.«

In den Nächten, die nun kamen, mußte bald dieser Stern, bald ein anderer wachen. Und manchmal ein ganzes Sternbild. Das Geheimnis des Himmels zu hüten, stellte sich stets eine Wolke dahin, wo die Sterne fortmußten. Und es war wunderbar, zu sehen, wie sich die Unendlichkeiten klein machten, wenn sie über der Krippe standen, und wie sie ihr Übermaß an Feuer, an Licht und an Unendlichkeit verhielten, nur das Notwendige hergaben, davon den Stall zu wärmen und zu erleuchten, ohne das Kind zu erschrecken. Erste Nächte der Christenheit... Die Jungfrau, Joseph, das Kind, der Ochs und der Esel, sie kamen dann in außerordentlichem Maße zu sich selbst. Ihr eigener Anschein, der am Tage ein wenig zerging und sich den Besuchern mitteilte, wurde nach dem Untergang der Sonne wundersam verhalten und gesichert.

Manche Tiere baten, Ochs und Esel als Mittler, das Jesuskind sehen zu dürfen. Und eines schönen Tages wurde, nachdem Joseph zugestimmt hatte, ein Pferd, als gelenkig und schnell bekannt, vom Ochsen bestimmt, das vom folgenden Tage ab alle, die kommen mochten, zusammenrufen sollte. Ochs und Esel fragten sich, ob man wilde Tiere zulassen dürfte, und auch Dromedare, Kamele, Elefanten: alles Tiere, die ein bißchen verdächtig sind vor lauter Buckel, Rüssel, Bein und Fleisch. Dasselbe galt für häßliche Tiere, Insekten wie die Skorpione, Taranteln, die Riesenspinne, die Schlangen, alle, die Gift in sich entstehen lassen, tags und nachts und selbst morgens, wenn alles so klar ist.

Die Jungfrau zögerte nicht.

»Ihr könnt alle kommen lassen, mein Kind ist so sicher in seiner Krippe, als wäre es oben im Himmel.«

»Und eins nach dem andern«, meinte Joseph in fast militärischem Ton, »es dürfen nicht zwei Tiere auf einmal durch die Türe, sonst findet man sich ja gar nicht zurecht.«

Mit den giftigen Tieren fing es an; jeder hatte das Gefühl, daß man ihnen so genugtun müßte. Bemerkenswert war der Takt der Schlangen, die es vermieden, die Jungfrau anzusehen, und sie gingen ihr weit aus dem Wege. Dann schienen sie mit so viel verhaltener Würde, als seien sie Tauben oder Wachhunde.

Und da waren kleine Tiere, so klein, daß man nicht wußte, ob sie drinnen waren oder noch draußen. Für die Urtierchen wurde eine Stunde ausgemacht, in der sie sich vorstellen und um die Krippe kreisen konnten. Als ihre Zeit vorbei war, bat Joseph, obwohl er an einem feinen Prickeln der Haut merkte, daß noch nicht alle fort waren, die anderen Tiere, sich zu zeigen. Die Hunde konnten sich nicht enthalten, ihr Wundern zu zeigen, denn sie durften noch nicht im Stall wohnen wie Ochs und Esel. Jeder aber – anstatt ihnen Bescheid zu geben – umschmeichelte sie, und so gingen sie, voll sichtlichen Danks.

Und besonders, als man an seinem Geruch den Löwen kommen spürte, wurden Ochs und Esel unruhig. Um so mehr, als dieser Geruch unbekümmert Weihrauch, Myrrhen und die anderen Düfte durchdrang, die die Könige reichlich verteilt hatten. Der Ochs würdigte sehr die edlen Gründe, aus denen das Vertrauen der Jungfrau und Josephs kam. Aber ein solches Kind, solch ein zartes Fünkchen an ein Tier zu bringen, bei dem ein Atemzug es auszulöschen vermochte...

Die Unruhe von Ochs und Esel nahm über alle Gebühr zu, sie sahen ihn genau, obwohl sie ganz gelähmt vor dem Löwen standen. Sie konnten nicht daran denken, an ihn heranzukommen, sowenig wie an Donner oder Blitz. Und der Ochs, vom Fasten schwach, fühlte sich entschwinden, gar nicht kampflustig. Der Löwe kam mit seiner Mähne, die nie einer gekämmt hatte außer dem Wüstenwind; die melancholischen Augen sagten: ›Ich bin der Löwe, was kann ich denn dazu; ich bin nur der König der Tiere.‹

Dann sah man, daß seine größte Sorge war, möglichst wenig Platz im Stall einzunehmen, was nicht leicht war, und zu atmen, ohne etwas in Unordnung zu bringen, und seine Krallen zu vergessen und die mit fürchterlichen Muskeln versehenen Kinnbacken.

Er kam mit gesenkten Lidern und verbarg sein wunderschönes Gebiß wie eine häßliche Krankheit; kam mit so viel Bescheidenheit, daß er augenscheinlich den Löwen zuzurechnen war, die eines Tages sich weigern würden, die heilige Blandine zu fressen. Die Jungfrau hatte Mitleid und wollte ihn sicherer machen mit einem Lächeln, wie sie es sonst nur für das Kind übrig hatte. Der Löwe blickte geradeaus in einer noch verzweifelteren Weise als vorher:

»Was habe ich denn getan, weshalb ich so groß und stark bin? Ihr wißt doch alle, daß ich immer von Hunger und der frischen Luft getrieben war, wenn ich fraß; und ihr kennt ja auch das Problem der Löwenjungen. Wir haben alle mehr oder weniger versucht, Pflanzenfresser zu werden, aber Pflanzen sind nichts für uns, so ging es nicht.« Dann senkte er seinen riesigen Kopf, auf dem die Haare wie explodiert standen, und legte sich traurig auf den harten Boden; die Quaste seines Schweifs schien ebenso geduckt wie sein Kopf – umgeben von großer Stille, der keiner entgehen konnte.

Der Tiger, als er an die Reihe kam, warf sich auf die Erde und lag, dank seiner strengen Zucht, wie ein Bettvorleger vor der Krippe. Und nach Augenblicken war er wieder ganz da mit einer unglaublich bewegten Kraft und verschwand ohne weiteres.

Die Giraffe zeigte kurze Zeit lang ihre Füße in der

Tür, und jeder war der Meinung, daß das ›zählte‹, als ob sie den Besuch an der Krippe gemacht hätte.

Dasselbe war beim Elefanten; er begnügte sich damit, auf der Schwelle niederzuknien und seinen Rüssel wie ein Weihrauchfaß zu schwenken, was von allen gut aufgenommen wurde.

Ein Hammel mit riesiger Menge Wolle wünschte, sogleich geschoren zu sein, aber sein Vlies wurde mit verbindlichem Dank ihm belassen.

Mutter Känguruh wollte mit aller Gewalt Jesus eins ihrer Kinder schenken, machte geltend, daß das Geschenk von Herzen käme und daß es sie nicht beraubte, denn sie hätte noch andere kleine Känguruhs zu Hause. Aber Joseph wollte es nicht, und sie mußte ihr Kind wieder mitnehmen.

Der Strauß hatte mehr Glück; er legte in einer unbeobachteten Sekunde ein Ei in den Winkel und kam ohne Lärm fort. Das Andenken wurde erst am nächsten Tag entdeckt, und zwar bemerkte es der Esel. Er hatte noch niemals etwas so Großes und Hartes als Ei gesehen und wollte an ein Wunder glauben. Da belehrte Joseph ihn eines Besseren: es wurde daraus ein Eierkuchen gemacht. Die Fische, die sich infolge ihrer bedauernswerten Atemweise nicht außerhalb des Wassers zeigen konnten, hatten eine Möwe beauftragt, sie zu vertreten.

Die Vögel ließen, wenn sie fortflogen, ihre Lieder, Tauben ihre Liebessänge, Affen lustige Sachen, Katzen ihre Blicke, Turteltäubchen die Süße ihrer Kehle.

Und gern hätten sich auch die Tiere vorstellen wollen, die noch nicht entdeckt sind und noch keinen Namen haben, in der Erde, im Wasser, in solchen Unergründlichkeiten, daß für sie immer Nacht ist ohne Sterne, Mond und Jahreszeiten.

Man hörte in der Luft die Herzen derer schlagen, die nicht kommen konnten oder sich verspäteten, und anderer, die am Rande der Welt wohnten und sich doch auf den Weg gemacht hatten, mit Insektenbeinen so klein, daß sie in der Stunde kaum einen Meter vorankamen, oder deren Leben so kurz bemessen war, daß sie nicht damit rechnen konnten, einen halben Meter zu überstehen, und auch das nur, wenn sie viel Glück hatten.

Wunder geschahen: Die Schildkröte beeilte sich, die Eidechse mäßigte sich, das Flußpferd machte zierliche Kniefälle, die Papageien wurden still.

Kurz vor Sonnenuntergang ereignete sich etwas, das alle schmerzte. Joseph, ermüdet von seiner Arbeit – er hatte den ganzen Tag, ohne zum Essen zu kommen, die Besucher abgefertigt –, zertrat eine häßliche Spinne; in seiner Zerstreutheit vergaß er, daß auch sie dem Kinde huldigen wollte. Und das Gesicht des Heiligen geriet aus seiner Fassung und bestürzte alle Welt für eine ganze Weile. Manche Tiere, von denen man mehr Bescheidenheit hätte erwarten können, blieben einfach im Stall zurück: den Marder, den Dachs und das Eichhörnchen mußte der Ochs hinaustreiben, weil sie nicht gehen wollten.

Ein paar Nachtfalter blieben und nutzten ihre den Dachbalken ähnliche Farbe, um eine Nacht über der Krippe sein zu können. Aber der erste Sonnenstrahl verriet sie am nächsten Morgen, und Joseph, der niemand bevorzugen wollte, jagte sie sofort davon. Ein paar Fliegen sollten auch verschwinden, doch ließen sie in ihrer Böswilligkeit merken, daß sie immer schon dagewesen waren, und Joseph wußte nicht, was er ihnen sagen sollte.

Die übernatürlichen Erscheinungen, in denen der Ochs lebte, raubten ihm oft den Atem. Er hatte sich angewöhnt, die Luft anzuhalten, wie es die Asketen Asiens zu tun pflegen, hatte Gesichte und, obwohl er weniger am Erhabenen als an der Erniedrigung Lust hatte, lernte er richtige Ekstasen kennen.

Aber ein Bedenken nahm von ihm Besitz, und das hinderte ihn, sich Engel und Heilige auch vorzustellen. Er sah sie nur, wenn sie sich wirklich in der Nähe aufhielten.

›Ich Ärmster‹, dachte der Ochs, erschreckt durch diese Erscheinungen, die ihm verdächtig waren, ›ich Ärmster, daß ich nur ein Lasttier bin oder vielleicht der böse Geist. Warum habe ich denn Hörner wie er; ich habe doch nie etwas Böses getan? Wenn ich doch nur ein Zauberer wäre!‹

Joseph merkte sehr genau die Zustände des Ochsen, der zusehends abmagerte.

»Geh doch draußen fressen!« rief er ihm zu. »Du läufst uns den ganzen Tag zwischen den Beinen herum und hast bald nur noch Haut auf deinen Knochen!«

Ochs und Esel gingen hinaus.

»Es stimmt ja, du bist mager«, sagte der Esel, »deine Knochen sind so spitz geworden, daß dir überall Hörner hervorkommen!«

»Sprich nicht von Hörnern!«

Der Ochs sagte sich selbst:

›Er hat recht, ja, man muß leben. Also nimm doch das Büschel Gras und dies hier! Bildest du dir ein, es sei giftig? Nein, ich habe keinen Hunger. Wie schön ist doch das Kind! Und die großen Gestalten, die ein und aus gehen und mit den großen, schlagenden Flügeln leben! Diese sanfte, himmlische Welt, die in unsern kleinen Stall kommt, ohne sich zu beschmutzen. Friß doch, Ochs, mach dir nichts draus! Und dann darfst du dich nicht von dem Glück stören lassen, das mitten in der Nacht kommt und dich an den Ohren zieht. Nicht so lange an der Krippe auf einem Knie bleiben, bis es dir weh tut! Dein Fell ist an den Gelenken schon ganz durchgerieben, noch ein Weilchen, und die Fliegen stürzen sich drauf.‹

Eines Nachts hatte das Sternbild des Stiers die Wacht über dem Stall an einer Bahn des schwarzen Himmels. Das rote Auge des Aldebaran leuchtete prächtig und hell, ganz nah. Und die Hörner, die Stierseiten, wurden zu riesigem Schmuckstück. Der Ochs war stolz darauf, daß das Kind so gut behütet wurde. Alles schlief friedlich; der Esel mit vertrauensvoll gesenkten Ohren. Aber der Ochs, obwohl er durch die übernatürliche Anwesenheit des freundschaftlich verwandten Sternbilds hätte stark sein müssen, fühlte in sich nichts als Schwäche. Er dachte an alle seine Opfer für das Kind, die nutzlosen Wachen und den sinnlosen Schutz.

›Ob mich wohl der Stier sieht?‹ dachte er. ›Weiß das große rote Auge, das zum Fürchten funkelt, daß ich hier bin? Diese Sterne – die sind so hoch, so fern, daß man nicht einmal weiß, von wo sie blicken.‹

Auf einmal steht Joseph, der einen Augenblick auf seinem Lager unruhig wurde, auf, mit erhobenen Armen. Er, den man immer so maßvoll in Gesten und Worten kennt, jetzt weckt er alle Welt auf, selbst das Kind.

»Ich habe den Herrn im Traume gesehen. Wir müssen gleich wegziehen. Ja, wegen Herodes, er will sich Jesus bemächtigen.« Die Jungfrau nimmt ihren Sohn in den Arm, als ob der Judenkönig schon da wäre und in der Tür stände, ein Metzgermesser in der Hand.

Der Esel stellt sich auf.

»Und der da?« sagt Joseph zu der Jungfrau und zeigt auf den Ochsen. »Es scheint mir, daß er zu schwach ist, um mitzukommen.« Der Ochs will zeigen, daß daran nichts ist. Er strengt sich enorm an, um aufzustehen, aber nie war er so an die Erde gefesselt. Dann fleht er um Hilfe und blickt das Sternbild an. Er rechnet nur darauf, daß es ihm die Kraft gebe aufzustehen. Der himmlische Stier stößt nicht an, sein Auge bleibt rot und hell und immer von der Seite dem Ochsen zu.

»Er hat mehrere Tage nicht gefressen«, sagt die Jungfrau zu Joseph.

›Oh, ich verstehe gut, sie wollen mich hierlassen‹, denkt der Ochs, ›es war zu schön, es konnte nicht so weitergehen. Schließlich könnte ich nur wie ein Knochengespenst nachhinken. Meine Rippen haben alle von meiner Haut genug und wollen es sich nun unter dem Himmel bequem machen.‹ Der Esel kommt zu dem Ochsen und reibt sein Maul gegen das des Wiederkäuers, um ihm zu sagen, daß die Jungfrau ihn einer Nachbarin empfiehlt und daß ihm nach ihrem Abschied nichts fehlen werde. Aber der Ochs, mit halb geschlossenen Lidern, ist ganz zerschlagen.

Die Jungfrau streichelt ihn und ruft:

»Aber wir gehen doch gar nicht weit fort, hör doch! Wir wollten dir nur angst machen.«

»Versteht sich, wir kommen sofort wieder«, fügt Joseph hinzu, »in der Nacht kann man doch nicht weit gehen.«

»Die Nacht ist so schön«, antwortet die Jungfrau, »wir wollen nur mit dem Kind ein bißchen Luft schöpfen, es ist etwas blaß in den letzten Tagen.«

»Es stimmt wirklich«, sagt der heilige Mann.

Eine fromme Lüge. Der Ochs versteht ihn, aber er möchte nicht die Eltern hindern, sich auf die Reise vorzubereiten, und tut, als ob er schlafe.

Das ist seine Art zu lügen.

»Er ist eingeschlafen«, sagt die Jungfrau, »wir wollen ihm Krippenstroh hinlegen, dann hat er keine Sorge, wenn er aufwacht. Wir wollen ihm auch das Flötchen an sein Maul legen«, fügt sie noch ganz leise hinzu, »er spielt gerne, wenn er allein ist.«

Sie machten sich fertig zu gehen.

Die Stalltür quietscht.

›Ich hätte sie ölen sollen‹, denkt Joseph, und er hat Angst, daß der Ochs aufwacht, aber der sieht immer noch aus, als ob er schläft.

Die Tür wird mit Sorgfalt geschlossen.

Während der Esel der Krippe nach und nach der Esel der Flucht nach Ägypten wird, bleibt der Ochs zurück und richtet seine Augen auf das Stroh, auf dem eben noch das Jesuskind lag. Er weiß genau, daß er es niemals mehr berühren wird und auch nicht das Flötchen.

Das Sternbild springt mit einem Satz zurück nach oben und heftet sich mit einem Hornstoß an den Himmel an die Stelle, die es niemals mehr verlassen durfte.

Als die Nachbarin, kurz nach der Morgenröte, hereintrat, hatte der Ochs aufgehört zu malmen.

MAX HERRMANN-NEISSE

WEIHNACHT 1940

Seltsame Weihnacht neunzehnhundertvierzig
in diesem London, dunkel und bedroht,
noch scheint sie friedlich, und kein Feind verirrt sich
zu unserm Haus mit seiner Ladung Tod.
Wir wollen uns das alte Fest erzwingen,
der Baum erglänzt, wie einst zuhaus, geschmückt,
wir möchten, wenn wir uns Geschenke bringen,
vergessen, was uns ängstet und bedrückt.
Im Rundfunk hören wir die fernen Glocken,
noch einmal essen wir und trinken gut
und lassen uns in einen Leichtsinn locken.
Der Henkersmahlzeit grimmer Übermut
gespenstert um den Tisch; ich spür' es schwelen:
den Mord, der eine Pause sich erlaubt;
das rührende Sekundenglück der Seelen,
die sich verschweigen, was die Ruhe raubt,
das Scheinbild eines Friedens, diese Fratze,
die etwas Fürchterlicheres verhüllt,
bis plötzlich ausgeruht die Tigerkatze
uns wieder anspringt und im Blutrausch brüllt.
Noch starren ringsum die zerstörten Stätten,
steht da und dort auch ein verschontes Haus,
als ob die Frevler aufgespart es hätten
für einen letzten, teuflisch großen Graus,
zur Orgie der endgültigen Vernichtung,
wenn der Verhaßte ruchlos Rache nimmt.
Weihnachten neunzehnhundertvierzig: Dichtung,
die seltsam künstlich zwischen Schlachten glimmt!

WERNER BERGENGRUEN

KASCHUBISCHES WEIHNACHTSLIED

Wärst du, Kindchen, im Kaschubenlande,
wärst du, Kindchen, doch bei uns geboren!
Sieh, du hättest nicht auf Heu gelegen,
wärst auf Daunen weich gebettet worden.

Nimmer wärst du in den Stall gekommen,
dicht am Ofen stünde warm dein Bettchen,
der Herr Pfarrer käme selbst gelaufen,
dich und deine Mutter zu verehren.

Kindchen, wie wir dich gekleidet hätten!
Müßtest eine Schaffellmütze tragen,
blauen Mantel von kaschubischem Tuche,
pelzgefüttert und mit Bänderschleifen.

Hätten dir den eignen Gurt gegeben,
rote Schuhchen für die kleinen Füße,
fest und blank mit Nägelchen beschlagen!
Kindchen, wie wir dich gekleidet hätten!

Kindchen, wie wir dich gefüttert hätten!
Früh am Morgen weißes Brot mit Honig,
frische Butter, wunderweiches Schmorfleisch,
mittags Gerstengrütze, gelbe Tunke.

Gänsefleisch und Kuttelfleck mit Ingwer,
fette Wurst und goldnen Eierkuchen,
Krug um Krug das starke Bier aus Putzig!
Kindchen, wie wir dich gefüttert hätten!

Und wie wir das Herz dir schenken wollten!
Sieh, wir wären alle fromm geworden,

alle Knie würden sich dir beugen,
alle Füße Himmelswege gehen.

Niemals würde eine Scheune brennen,
sonntags nie ein trunkner Schädel bluten, –
wärst du, Kindchen, im Kaschubenlande,
wärst du, Kindchen, doch bei uns geboren!

ALEXANDER LERNET-HOLENIA
DIE HEILIGEN DREI KÖNIGE VON TOTENLEBEN

Im November 1647 unternahm der Oberbefehlshaber der französischen Truppen im Dreißigjährigen Kriege, der Marschall von Turenne, einen größeren Ritt, um persönlich gewisse vorgeschobene Postierungen seiner in der Pfalz liegenden Armee zu besichtigen, und dabei griffen die Reiter seines Gefolges ihm zwei Leute auf, die, zu Fuß und in schlechten Kleidern, durch das Land zogen. Es waren dies ein junger Mann und eine junge blonde Frau, die aber beide elend aussahen. Die Frau erwartete überdies ein Kind; sie mochte schon im siebenten oder achten Monat sein. Befragt, wohin sie gingen, erklärten die beiden: sie seien ein Ehepaar und hätten den Ort, in dem sie bisher bei den Eltern der Frau gewohnt und wo der Mann auch ein Handwerk getrieben, verlassen müssen, weil da, von Soldaten, alles gänzlich sei niedergebrannt worden, und nun ständen sie im Begriff, nach der Heimat des Mannes, einem Dorfe am untern Main, Totenleben geheißen, zu wandern, indem sie dort ein Unterkommen und vielleicht auch einen Erwerb zu finden hofften. Denn sie selber besäßen nichts mehr, als was sie auf dem Leibe trügen und die Hoffnung auf das Kind, dem die Frau entgegensähe.

Der Vicomte von Turenne, der eben einen bestimmten Plan in seinem Innern wälzte, verstand von diesem auf deutsch geführten Verhör nur wenige Brocken. Immerhin fiel der eigentümliche Name des Dorfes, nach dem die zwei wollten, ihm auf. Er entließ sie und faßte einen sonderbaren Entschluß.

In einer Nacht dieses selben Winters, der entsetzlich kalt war, tauchte er mit einem Reitertrupp in der Gegend des untern Mains auf.

Er und seine Leute waren schwer bewaffnet und in Pelze und Mäntel gehüllt. Der Mond glänzte auf ihren Helmen. Das Land rundum war verwüstet. Auf etwa hundert Schritt vor dem Trupp trabten, mit Karabinern in den Fäusten, zwei Reiter, die hin und wieder vor einem verschneiten Gebüsch oder den Resten eines verbrannten Gehöfts kurz anhielten und schrien: »Qui vive?« Allein es antwortete niemand. Die Gegend lag völlig tot, nur ein paar aufgescheuchte, verwilderte Hunde flohen über die Schneefelder davon und heulten noch lang in der Ferne. Vom Galgen eines Hochgerichts, an dem man vorbeikam, baumelten die Reste einer Mumie. Die Kavalkade trabte stetig weiter. Silberner Frostrauch spann in den vereisten Mulden.

An der Ecke eines Gehölzes hielten die Reiter an. Herr von Turenne saß von seinem Pferd ab, und zwei Diener, auf schon früher erfolgten Befehl offenbar, näherten sich ihm und nahmen ihm den Pelzmantel von den Schultern und den Hut vom Haupt. Das Mondlicht leuchtete auf seinem Panzer auf und auf der goldenen Kette, die er um den Hals trug. Indessen waren auch mehrere von seinen Offizieren schon abgesessen, hatten sich ihm genähert, und die Diener zogen ihm ein sehr sonderbares Kleid über die Rüstung, ein mit Flittern und goldenen Sternen übersätes weißes Hemd, und über sein Gesicht hängten sie einen schwarzen Schleier.

Das Ganze war ein Dreikönigsgewand, wie die Sternsinger es tragen.

Nun zogen die Diener auch beide Pistolen aus den Halftern seines Sattels und gaben sie ihm in die Hände.

»Ich gehe jetzt«, sagte er zu seinen Offizieren. »Die Herren erwarten mich hier. Sollte ich bis drei Uhr morgens nicht wieder zurück sein, so lassen Sie das Dorf absuchen!«

»Jawohl, Monseigneur«, antworteten die Offiziere, und er ging über das Schneefeld davon.

Er mochte ein paar hundert Schritte weit gekommen sein, als die Umrisse eines Dorfes vor ihm auftauchten.

Am Nordende des Dorfes erschien ein Licht.

Er ging darauf zu.

Es strahlte von einer merkwürdigen Laterne aus Ölpapier aus, die sternförmig war und oben auf einer etwa acht Fuß hohen Stange stand.

Zwei Männer, deren einer die Stange hielt, standen dabei. Auch sie hatten Sternsingergewänder an, jedoch weiße Schleier vor den Gesichtern.

Herr von Turenne, indem er die Pistolen erhob, trat auf sie zu und nannte seinen Namen.

Die beiden andern antworteten: »Wrangel« und: »Melander«.

Sie waren: der nach Torstensons Abgang neuernannte Oberbefehlshaber der Schweden und der der kaiserlichen Truppen, ein Reichsgraf Melander von Holzapfel.

Alle drei lüfteten nun die Schleier und sahen einander in die Gesichter, dann ließen sie die Schleier wieder vorfallen. Turenne versorgte die Pistolen in der Seidenschärpe, die er unter dem Dreikönigshemde trug, und sagte: »Ich habe die Herren in dieser Verkleidung hierher gebeten, damit wir, ungestört und ohne daß unsere Leute etwas davon erfahren, über die Dinge reden können, die uns angehen. Es ist der Dreikönigstag, und man wird uns für Sternsinger halten. Am besten gehn wir jetzt ins Dorf und suchen ein Quartier, in das wir eintreten und in dem wir die Verhandlungen beginnen können.«

»Das Dorf ist nicht mehr da«, sagte Melander. »Es ist niedergebrannt. Ihre eigenen Truppen, Graf, dürften es getan haben.«

»Es können«, sagte Turenne, »auch Ihre gewesen sein, Graf.«

»Oder die der Schweden«, sagte Melander.

»Auf jeden Fall«, sagte Wrangel, »sollten wir nachsehen, ob wir nicht doch irgendwo ein Unterkommen finden. Denn hier in dieser Kälte wollen wir ja wohl nicht stehenbleiben.«

Sie setzten sich also mit ihrem Stern in Bewegung.

Längs der Dorfstraße gab es an den Stellen, an denen früher Häuser gestanden hatten, nur mehr Schutthaufen. Aber in der Nähe der niedergebrannten Kirche fanden sie doch noch ein halbwegs erhaltenes Haus, dessen Fensterhöhlen mit Brettern vernagelt waren, und schwaches Licht schimmerte hindurch.

Sie traten vor die Tür und pochten an.

Sie hatten mehrmals zu pochen, bis eine Stimme von innen her fragte, was es denn gäbe.

Man solle öffnen, riefen sie, und daraufhin ging die Tür, die keine Angeln mehr hatte, knirschend ein wenig auf, und ein Mann steckte den Kopf heraus.

»Was wollt ihr?« fragte er.

»Wir sind«, sagte Melander, »Sternsinger. Laß uns eintreten.«

»Sternsinger?« sagte der Mann. »Heute schon?«

»Ja«, sagte Melander. »Laß uns also ins Haus.« Und damit trat er auch schon auf die Schwelle, und die beiden andern, nachdem sie die Stange mit der Laterne abgestellt hatten, folgten ihm.

»Aber es ist ja doch«, sagte der Mann, indem er die Tür hinter ihnen wieder zuzog, »erst Heiliger Abend!«

»Nein«, sagte Wrangel, »es ist Dreikönigstag. Glaubt ihr denn hier, es gelte noch der alte Kalender? Wir haben doch schon den neuen.«

»Was für einen neuen?« fragte der Mann.

»Der Papst«, sagte Melander, »hat doch den Kalender geändert. Der Kalender war ja schon um vierzehn Tage im Rückstand. Er stimmte mit dem Stand der Gestirne nicht mehr überein. Wißt ihr denn das hier nicht, hat denn euer Pfarrer euch das nicht gesagt?«

»Unser Pfarrer ist längst tot«, sagte der Mann. »Die Schweden haben ihn erschlagen. Das Dorf ist verwüstet, die ganze Gegend ist öde. Wie sollen wir wissen, ob der Papst den Kalender geändert hat oder nicht? Wir feiern heute den Heiligen Abend – wenn man das überhaupt noch feiern nennen kann.«

»Nun«, sagte Wrangel, »wie immer dem sei, wir wünschen hier ein wenig zu rasten. Bring uns was zu essen und ein paar Gläser Wein, wir werden dir's in anständigem Geld bezahlen.«

»Ich war einmal der Wirt hier im Ort«, sagte der

Mann, »und mein Geschäft ging gut. Jetzt aber habe ich nicht einmal mehr Brot für uns selbst, und wenn wir trinken wollen, so müssen wir den Schnee schmelzen, denn unsere Brunnen sind verschüttet. Setzt euch, ein Sitz ist das einzige, das ich euch anbieten kann. Was seid ihr denn überhaupt für Leute, daß ihr glaubt, euch durch Sternsingen Almosen verdienen zu können? Wo seid ihr denn her? Hier im Dorf sind wir die einzigen Menschen, und in der ganzen Gegend gibt es kein Körnchen Getreide mehr und kein einziges Stück Vieh. Alles ist im Krieg zugrunde gegangen. Im Hennebergischen sollen die Leute sogar schon die Leichen Gefallener aufgegessen haben. Wie lange wird dieser Krieg noch dauern?«

Die drei zuckten die Achseln und sahen sich im Raum um. Es gab da nichts als einen Herd, auf dem ein Feuer einen flackernden Schein verbreitete, und einen Tisch mit ein paar Bänken rundum. Auch war die Stube voll Rauch. Die Frau des Wirts und ein halbwüchsiger Junge, beide erschreckend abgemagert, sahen die Fremden an. Und dann gab es noch zwei Leute im Zimmer, einen jungen Mann und eine junge blonde Frau, Turenne erkannte sie wieder. Es waren die beiden, die er auf seinem Erkundungsritt getroffen.

»Wer sind sie?« fragte er in seinem schlechten Deutsch.

»Arme Leute«, sagte der Wirt, »die hier zugezogen sind und nirgends ein Unterkommen gefunden haben. Der Mann war von hier, dann ist er fort und hat geheiratet, aber er hat wieder zurück müssen, und nun gewähre ich den beiden ein Quartier im Stall. Die Frau erwartet ein Kind.«

»Was du nicht sagst!« meinte Turenne, und die drei setzten sich an den Tisch.

Indessen begannen die andern sich damit zu befassen, in der Nähe des Herdes aus Moos und kleinen Holzfiguren eine Weihnachtskrippe aufzubauen. Die Figuren, die der Wirt noch besaß, weil sie es keinem der plündernden Soldaten wert gewesen waren, sie mitzunehmen, waren bunt bemalt und stellten die Heilige Familie, die Engel, die Könige, die Hirten, den Ochsen und den Esel dar.

Die drei Feldherren sahen eine Zeitlang hin, dann begannen sie ihre eigenen Gespräche. Sie sprachen französisch.

»Die Friedensverhandlungen«, sagte Turenne, »die in Münster schon im vorigen Jahr begonnen haben, werden nicht im Sinn der Armeen geführt. Käme es wirklich zum Frieden, so wären die Heere überflüssig geworden. Aber der Soldat hat sich daran gewöhnt, davon zu leben, daß er eben Soldat ist, und wir, seine Führer, tragen die Verantwortung für den Soldaten. Und dann ist der Krieg, offen gestanden, ein Geschäft geworden wie jedes andere. Ich weiß nicht, wie die Herren darüber denken, aber ich für meine Person werde alles tun, um zu verhindern, daß er in einer Form ende, bei der wir und unsere Leute unsere prädominierenden Positionen verlieren und von heute auf morgen davongejagt werden können. Um Maßnahmen zu besprechen, die gegen einen übereilten Friedensschluß zu ergreifen sind, habe ich die Herren hierher gebeten. Denn wenngleich wir Feinde sind, so ziehen wir doch alle am selben Strang oder hauen in dieselbe Kerbe, ganz wie Sie es nennen wollen.«

Als die Leute, die die Krippe bauten, die fremde Sprache hörten, blickten sie erstaunt zu den dreien hinüber. Der Wirt hörte eine Zeitlang beunruhigt zu, dann kam er an den Tisch heran.

»Wer seid ihr?« fragte er. »Ihr seid keine gewöhnlichen Sternsinger. Ihr seid Ausländer und wahrscheinlich auch Soldaten. Was sucht ihr hier? Habt ihr euch nicht schon überzeugt, daß das Land, das Dorf, dies Haus verwüstet sind und daß es nichts mehr zu holen gibt? Was wollt ihr von uns? Wir haben euch nichts mehr zu geben. Seid ihr Marodeure? Seid ihr Spione? Kommt ihr vor denen einher, die uns auch noch das Leben nehmen wollen? Es ist das einzige, was ihr uns noch nehmen könnt.«

»Schweig«, sagte Melander, »wir sind die Heiligen Drei Könige, und damit basta! Stör uns nicht! Wir haben hier was zu reden.« Und er warf ihm ein Goldstück zu.

Der Wirt sah das blitzende Ding an, er hatte schon seit Jahren keines mehr gesehen. Dann nahm er es hastig und prüfte es zwischen den Fingern. Dabei verwandelte sein Wesen sich völlig. Er wollte den dreien ins Gesicht sehen, doch konnte er mit den Blicken die Schleier nicht durchdringen. Auch merkte er nun erst die Stiefel und die Sporen, die unter den Dreikönigshemden der drei hervorsahen, und die Messingschuhe der ledernen Degenscheiden.

»Verzeihen die Herren!« sagte er katzbuckelnd. »Ich wollte nicht um alles... ich wußte nicht...«

»Schon gut«, sagte Melander, »scher dich weiter.«

»Dürfen wir«, fragte der Wirt, »den Herren wenigstens das Weihnachtslied vorsingen? Stört es die Herren nicht?«

»Singt meinetwegen«, sagte Melander, »aber bleibt leise. Macht kein Geplärr!«

Der Wirt, rückwärts gehend und immerzu katzbukkelnd, zog sich zurück. Er flüsterte mit seinen Leuten und zeigte ihnen das Goldstück. Die andern sahen herüber, dann kam die Frau des Wirtes heran und küßte Melander die Hand, um ihm zu danken.

»Gut, gut«, sagte Melander und gab gar nicht auf sie acht. Das französische Gespräch ging indessen weiter. Nach einiger Zeit begannen die an der Krippe das Weihnachtslied zu singen. Sie sangen es leise und mit rührenden Stimmen.

Gegen Ende des Liedes hörte die junge Frau zu singen auf, schwankte und hielt sich an der Schulter ihres Mannes fest. Die Wehen hatten sie befallen.

Es wäre wohl die Absicht des Wirtes gewesen, sie, wären die Fremden nicht dagewesen, in der Stube niederkommen zu lassen. Wegen Anwesenheit der Herren aber wagte er das nicht. Die Frau ward in den Stall geführt, wo sie auf einer Streu von Moos und welkem Laub ihr Lager hatte.

Die Feldherren, als das Lied unterbrochen ward, merkten es gar nicht und auch nicht, daß man die Frau fortführte. Sie waren es gewohnt, über andere Menschen hinwegzusehen wie über bloße Spreu. Sie sprachen weiter, und zwischen den französischen Sätzen hörte man die Namen Torstenson, Jan von Werth, Max Emanuel. Aus irgendeinem Grunde schienen die Feldherren plötzlich untereinander uneins geworden zu sein und sprachen nun ziemlich erregt. Gegen die Fortführung des Krieges hatte sich nämlich vor allem Melander ausgesprochen. Er sagte, das Land sei nun schon verwüstet genug, man möge doch sehen, wie bettelhaft arm auch hier die Leute geworden wären; und es sei etwas Wahres an dem, was der Wirt vorhin über Menschenfresserei gesagt: man erzähle sich längst, daß, nach gewissen Kämpfen, Leute nachts auf den Schlachtfeldern aufgetaucht und die Toten zerstückt, gebraten und gegessen hätten. – So stritten sie weiter, bis aus dem Stall ein Schrei zu vernehmen war und dann noch einer, da blickten sie auf.

»Was ist denn los?« fragte Wrangel. Aber nun blieb es still. »Wo sind denn die Kerle eigentlich?« fragte er. Er erhob sich, trat zur Tür, die zum Stall führte, und schlug mit einem Pistolenkolben dagegen.

Es dauerte einige Zeit, bis der Wirt erschien.

»Wer«, fragte Wrangel, »hat da geschrien? Was tut ihr denn eigentlich da draußen?«

»Ach, Herr«, sagte der Wirt, »ach, Herr!« und er hatte einen ganz sonderbaren Ausdruck im Gesicht.

»Nun?« schrie Wrangel. »Was gibt's?«

»Denkt Euch bloß, Herr«, sagte der Wirt, »während ihr hier gesessen seid, ist etwas geschehen. Es ist schon so lange her, daß dergleichen nicht mehr geschehen ist. Immer nur sind fremde Soldaten gekommen und haben gemordet, gestochen und gebrannt, immer weniger Leute sind wir geworden. Nun aber sind wir wieder um eines mehr. Die junge Frau hat ein Kind geboren, es ist ein Knabe. Vielleicht kommt doch bald der Friede. Wollt ihr das Kind nicht anschauen kommen, ihr Herren?«

Die drei blickten einander an. Im ersten Augenblick mochten sie vielleicht noch im Begriff gewesen sein, den Wirt zu fragen, ob er verrückt geworden sei, daß er sie belästige, und er solle machen, daß er weiterkäme! Dann dachte vielleicht der eine oder der andere doch an die Zeit zurück, zu der, in ihren eigenen Familien, ein Kind geboren worden war und welche Freude da geherrscht hatte. Oder sie dachten daran, wie sie selber Kinder gewesen waren. Und Turenne dachte vielleicht für einen Moment an das blonde Haar der Frau.

Auch war der Ton des Wirts ein solcher, wie sie schon lange nicht mehr einen Menschen hatten sprechen hören. Das Kind war ein fremdes Kind, es ging ihn nichts an, aber dennoch schien er so ergriffen, als ob es sein eigenes Kind gewesen wäre. Dennoch, in diesem Land, das ausgeplündert war und einer Eiswüste glich, auf der die Toten lagen, hatte ein Kind zu leben begonnen, es war, als wehte irgendein Frühling daher; mitten im Triumph des Todes, den die drei Feldherren täglich anbefahlen, war ein Kind geboren worden, als ob es auch ihnen geboren worden sei.

Der erste, der auf die Schwelle der Stalltür trat, war Melander, dann folgte Wrangel, schließlich Turenne. Da lag die Frau auf der Streu, sie war schneeweiß im Gesicht, im Licht des Kienspans aber flimmerte ihr Haar wie Goldgespinst, und die andern knieten bei ihr, wickelten das Kind in ein paar Lappen, die sie noch besaßen, und gaben es ihr in den Arm.

Die Feldherren standen schweigend und sahen die Mutter und das Kind lange an. Dann löste Turenne sich die Goldkette, die er unter dem Dreikönigshemd um den Hals hatte, ab und legte sie dem Kinde hin. Melander zog den Handschuh aus und streifte sich einen Ring mit einem Rubin vom Finger, und Wrangel legte einen gefüllten Geldbeutel auf die Streu.

Die Beschenkten glaubten, es sei ein Wunder geschehen, und der junge Mann wollte Danksagungen stammeln, brachte aber kein Wort heraus. Auch wehrten die Feldherren plötzlich fast hochfahrend ab. Überhaupt waren sie auf einmal ein wenig verlegen wegen dessen, was sie da getan hatten, entschuldigten sich aber vor sich selber damit, daß sie meinten, es sei eben nur eine Laune großer Herren gewesen. Auch gingen sie dann, unter Zurücklassung ihrer sonderbaren Laterne, sehr bald. Dem Wirt, der sie begleiten wollte und immerzu schwätzte, lachte und sich die Augen wischte, befahlen sie, zurückzubleiben. Vor dem Dorf, ohne die begonnene Unterredung zu Ende geführt zu haben, grüßten sie einander kurz, dann ging jeder seiner Wege.

In ihren Herzen aber hatten sie den Frieden.

MARIA VON WEDEMEYER
AN DIETRICH BONHOEFFER

[Pätzig] 23. XII. 43

Mein liebster Dietrich!
Eigentlich ist es schon Schlafenszeit, aber nun bin ich noch einmal aufgestanden, um an Dich zu schreiben. – Was denkst Du, wenn Du Dich an unser letztes Zusammensein erinnerst? Sag mir, hab' ich Dich mit einem Brief betrübt. Das wollte ich nicht, glaub es mir. Sieh, ich kann nur meine Briefe nicht immer mit einer Absicht schreiben. Ich hab' große Sehnsucht danach, Dir einmal ganz einfach so zu schreiben, wie es im Augenblick kommt. Aber das kann ich nicht. Es würde ein krauses Durcheinander und Du könntest es gar nicht verstehen. – Wenn nun in meinen Briefen einmal ein Stück davon durchguckt, so mußt Du es nicht so ernst nehmen. Wohl ist es ein Stück von dem, was ich meine; aber eben nur ein Stück, es gehört noch sehr viel anderes dazu, und wenn Du dies weißt, dann weiß ich auch, daß Du mich verstehen wirst. –

Schreib mir bitte, daß es nicht Einbildung ist, wenn ich diese letzte Sprecherlaubnis schön fand. Ich habe mich so auf Dich gefreut und konnte es kaum erwarten, bis endlich wirklich die Tür aufging und Du hereinkamst. Das war nun eben schon *mein* Weihnachten und es war ein wirklich *schönes*. Ich werde immer dran denken in diesen Tagen, und Deine Briefe will ich lesen und dann wird es gehen, glaub das.

Wenn ich doch mit Dir tauschen könnte. Ich würde so glücklich sein, könnte ich Weihnachten in Deiner Zelle statt Deiner sitzen. Gab es nicht früher einmal so etwas? Die moderne Zeit ist vom Übel! – Wir machten heut den Krippenaufbau in der Weihnachtsstube, und Du fehltest so. Mit jeder Figur, mit jeder neuen Idee wäre ich so gern erst zu Dir gekommen. Du hättest Dich ja freuen müssen, und erst dann wäre ich auch froh geworden. – Aber unvorstellbar ist es doch, daß Du plötzlich da wärst und daß wir allein zusammensein könnten und reden was wir wollten. Allein das träumen davon ist schon so überwältigend, daß ich manchmal an andere Dinge gewaltsam denken muß, weil es sich so nicht ertragen läßt. –

Ich hab eine unglückliche Liebe zu träumen. Vater konnte immer so schön träumen. Entweder man nahm es gar nicht ernst oder es traf ein. – Aber ich nehme es immer ernst und es kommt dann doch jedesmal anders. – Vielleicht ist es doch nicht praktisch. Du!!!

Vielleicht müßte ich Dir jetzt einen geistreichen Brief schreiben. Aber das geht nicht. Dazu bin ich viel zu glücklich und traurig durcheinander. Ich kann Dir eigentlich nur immer wieder sagen, daß es schön ist, neben Dir zu sitzen, auch wenn es nur kurz ist, und daß ich mich danach sehne, jetzt bei Dir sein zu können. – Das sind nicht alte Kamellen, das ist jeden Tag wieder neu so und – wie mir scheint – nach jedem Wiedersehen sehr viel stärker. Ich glaube, ich komme in den Weihnachtstagen doch noch einmal herüber, weil Du gesagt hast, Du freutest Dich auch schon darüber, wenn man nur etwas für Dich brächte. –

Und vielleicht kommt doch bald noch ein Brief von Dir. –

Von Herzen Deine Maria

DIETRICH BONHOEFFER
AN MARIA VON WEDEMEYER

[Haftanstalt Tegel] Heilig Abend, 1943

Meine geliebte Maria!
Dies ist ein Augenblick, in dem man so viel zu sagen hat, daß man eigentlich nur schweigen kann. Das Herz ist so voll von guten, friedlichen und dankbaren Gedanken und es weiß sich so geborgen vor allen Gefahren und Anfechtungen, daß es etwas abgeben möchte von dem, was es unverdient empfangen hat. Ich habe eben die Weihnachtsgeschichte gelesen, habe in Ruhe die Weihnachtsbilder aus Deinem schönen Buch betrachtet, habe ein paar Lieder mir still aufgesagt und bei all dem an Dich, an Euch alle, an die Brüder im Feld, an die Menschen in diesem Haus gedacht; vor mir steht, von Deinen Kerzen beleuchtet, die kleine Marienfigur, die Du mir schenktest – ein Geschenk Deines Vaters –, dahinter stehen die aufgeschlagenen Losungen, links von ihnen die ›betenden Hände‹[1], rechts das geöffnete Futteral mit Deinen Bildern, das Du mir selbst gearbeitet und geschenkt hast. Etwas oberhalb hängt noch Dein Adventskranz, hinter mir auf der Bettkante habe ich die Handschuhe, die Du mir genäht hast, die Bücher, die Du mir ausgesucht hast – dazu die von Mutter und Großmutter –, und die Pfefferkuchen aufgestellt, an meinem Arm trage ich Vaters Uhr, die er trug, als er fiel, und die Du mir geschenkt, gebracht und selbst an meinem Arm befestigt hast. Meine Maria, Du bist überall um mich, wo ich in meiner Zelle hinsehe, sehe ich Dich. Zwar bist Du weit weg; in dieser Stunde – es ist 5 Uhr – werdet Ihr wohl in der Kirche sein und Du wirst an mich denken und Gott für mich bitten, wie Du es täglich tust; es ist so schwer, getrennt zu sein, wenn man sich

liebhat; aber nicht wahr, wir sind in Wirklichkeit nie getrennt, nie, nie. Wie werde ich jemals in meinem Leben den Schmerz, den ich Dir in diesen vergangenen Monaten zugefügt habe – wahrhaftig ohne mein Wollen –, wiedergutmachen können? Nicht anders und nie anders, liebste Maria, als indem ich Dich liebhabe, solange ich lebe und darüber hinaus, und daß ich Dich um Deine Liebe, die mir nur ein Wunder sein kann, bitte. Hab vielen Dank für Deinen so guten Weihnachtsbrief, der gerade heute ankam. Jedes Wort war ein Weihnachtsgeschenk. –

Sag auch der Mutter und Großmutter, daß ich ihnen von Herzen für ihre Grüße danke. In was für einem Reichtum von menschlicher Liebe dürfen wir beide uns geborgen wissen, und indem ich an die vielen Glieder meiner und Eurer Familie denke, nehme ich unaufhörlich unsichtbare Grüße, Wünsche und Gebete, die uns beiden und unserer Zukunft gelten, in Empfang. Dazu darf ich wissen, daß in diesen heutigen Abendstunden eine große Zahl meiner ehemaligen Schüler von allen Fronten her an mich denken, und die mehr als dreißig von ihnen, die gefallen sind und das ewige Weihnachten bei Gott feiern, sind über unser Erkennen und Verstehen hinaus mit uns und mit der ganzen Kirche Christi verbunden. –

Eben fällt mein Blick wieder auf Dein Paket. Wie festlich hast Du es mir zugerichtet. Ich erhielt es heute mittag als große Überraschung. Auch für den baumwollenen Sweater, der doch nur von Dir gestrickt sein kann, habe ich Dir noch nicht gedankt; ich habe ihn vor Freude gleich angezogen. Er ist herrlich warm und leicht zugleich. – Meine liebste Maria, im festen Glauben an Gottes Liebe, die uns zu Jesus Christus ruft, in unserer Liebe zueinander und getragen von der Liebe vieler Verwandter und Freunde wollen wir sehr getrost und zuversichtlich in das neue Jahr gehen.

Immer Dein Dietrich

Die Stiftersche Weihnachtsgeschichte,[2] die ja eigentlich mehr eine Wintergeschichte ist, halte ich für eine seiner allerbesten Erzählungen, und ich freue mich darauf, sie wieder zu lesen.

Hab vielen Dank!

1 Zeichnung von Albrecht Dürer.

2 »Bergkristall«, unter dem Titel »Der Heilige Abend« in der Insel-Bücherei Nr. 518 erschienen.

AM TAG der Unschuldigen Kinder,
in einem vergangenen Jahr,
das immer in mir noch daheim ist,
hat Herr Herodes sein Schwert geschickt
herab auf das Kind meiner Kindschaft.
Seither weicht die ganze lebendige Zeit
dem Herodesjahr aus und flieht nach Ägypten
samt Morgen, Mittag und Abend.
Und hätte ich Vater und Mutter und Kind,
ich müßte sie alle aufs Eselchen setzen,
das draußen vorbeirennt bei Tag und bei Nacht
mit den Stunden der Nachbarn, des Hunds und des
Hahns,
wie gut, daß ich niemanden habe.
Mein Herz horcht zwar immer dem Eselchen nach
und klopft schon ganz so wie vier flüchtende Hufe,
doch kommt es nie um das Schwert ganz herum,
kommt nie, auch im Traum nicht, über Herodes,
der immer noch traurig und furchtsam und krank
mein Jesu-Kind umbringt bei Tag und bei Nacht
wie am Tag der Unschuldigen Kinder.

[illegible]

Das Gesicht war erst eine Stunde alt, aber es hatte schon alles, was dazu gehört: Ohren, Nase, Mund und Augen. Die Augen mußten groß sein, das konnte man sehen, obgleich sie zu waren. Aber der Mund war offen und es pustete leise daraus. Nase und Ohren waren rot. Er lebt, dachte die Mutter. Und das kleine Gesicht schlief.

Da sind noch Haferflocken, sagte der Mann. Ja, antwortete die Frau, das ist gut. Es ist kalt. Der Mann nahm noch von dem süßen weichen Holz. Nun hat sie ihr Kind gekriegt und muß frieren, dachte er. Aber er hatte keinen, dem er dafür die Fäuste ins Gesicht [illegible]

WOLFGANG BORCHERT

DIE DREI DUNKLEN KÖNIGE

Er tappte durch die dunkle Vorstadt. Die Häuser standen abgebrochen gegen den Himmel. Der Mond fehlte, und das Pflaster war erschrocken über den späten Schritt. Dann fand er eine alte Planke. Da trat er mit dem Fuß gegen, bis eine Latte morsch aufseufzte und losbrach. Das Holz roch mürbe und süß. Durch die dunkle Vorstadt tappte er zurück. Sterne waren nicht da.

Als er die Tür aufmachte (sie weinte dabei, die Tür), sahen ihm die blaßblauen Augen seiner Frau entgegen. Sie kamen aus einem müden Gesicht. Ihr Atem hing weiß im Zimmer, so kalt war es. Er beugte sein knochiges Knie und brach das Holz. Das Holz seufzte. Dann roch es mürbe und süß ringsum. Er hielt sich ein Stück davon unter die Nase. Riecht beinahe wie Kuchen, lachte er leise. Nicht, sagten die Augen der Frau, nicht lachen. Er schläft.

Der Mann legte das süße mürbe Holz in den kleinen Blechofen. Da glomm es auf und warf eine Handvoll warmes Licht durch das Zimmer. Die fiel hell auf ein winziges rundes Gesicht und blieb einen Augenblick. Das Gesicht war erst eine Stunde alt, aber es hatte schon alles, was dazugehört: Ohren, Nase, Mund und Augen. Die Augen mußten groß sein, das konnte man sehen, obgleich sie zu waren. Aber der Mund war offen und es pustete leise daraus. Nase und Ohren waren rot. Er lebt, dachte die Mutter. Und das kleine Gesicht schlief.

Da sind noch Haferflocken, sagte der Mann. Ja, antwortete die Frau, das ist gut. Es ist kalt. Der Mann nahm noch von dem süßen weichen Holz. Nun hat sie ihr Kind gekriegt und muß frieren, dachte er. Aber er hatte keinen, dem er dafür die Fäuste ins Gesicht schlagen konnte. Als er die Ofentür aufmachte, fiel wieder eine Handvoll Licht über das schlafende Gesicht. Die Frau sagte leise: Kuck, wie ein Heiligenschein, siehst du? Heiligenschein! dachte er, und er hatte keinen, dem er die Fäuste ins Gesicht schlagen konnte.

Dann waren welche an der Tür. Wir sahen das Licht, sagten sie, vom Fenster. Wir wollen uns zehn Minuten hinsetzen. Aber wir haben ein Kind, sagte der Mann zu ihnen. Da sagten sie nichts weiter, aber sie kamen doch ins Zimmer, stießen Nebel aus den Nasen und hoben die Füße hoch. Wir sind ganz leise, flüsterten sie und hoben die Füße hoch. Dann fiel das Licht auf sie.

Drei waren es. In drei alten Uniformen. Einer hatte einen Pappkarton, einer einen Sack. Und der dritte hatte keine Hände. Erfroren, sagte er und hielt die Stümpfe hoch. Dann drehte er dem Mann die Manteltasche hin. Tabak war darin und dünnes Papier. Sie drehten Zigaretten. Aber die Frau sagte: Nicht, das Kind.

Da gingen die vier vor die Tür, und ihre Zigaretten waren vier Punkte in der Nacht. Der eine hatte dicke umwickelte Füße. Er nahm ein Stück Holz aus seinem Sack. Ein Esel, sagte er, ich habe sieben Monate daran geschnitzt. Für das Kind. Das sagte er und gab es dem Mann. Was ist mit den Füßen? fragte der Mann. Wasser, sagte der Eselschnitzer, vom Hunger. Und der andere, der dritte? fragte der Mann und befühlte im Dunkeln den Esel. Der dritte zitterte in seiner Uniform: Oh, nichts, wisperte er, das sind nur die Nerven. Man hat eben zuviel Angst gehabt. Dann traten sie die Zigaretten aus und gingen wieder hinein.

Sie hoben die Füße hoch und sahen auf das kleine schlafende Gesicht. Der Zitternde nahm aus seinem Pappkarton zwei gelbe Bonbons und sagte dazu: Für die Frau sind die.

Die Frau machte die blassen blauen Augen weit auf, als sie die drei Dunklen über das Kind gebeugt sah. Sie fürchtete sich. Aber da stemmte das Kind seine Beine gegen ihre Brust und schrie so kräftig, daß die drei

Dunklen die Füße aufhoben und zur Tür schlichen. Hier nickten sie noch mal, dann stiegen sie in die Nacht hinein.

Der Mann sah ihnen nach. Sonderbare Heilige, sagte er zu seiner Frau. Dann machte er die Tür zu. Schöne Heilige sind das, brummte er und sah nach den Haferflocken. Aber er hatte kein Gesicht für seine Fäuste.

Aber das Kind hat geschrien, flüsterte die Frau, ganz stark hat es geschrien. Da sind sie gegangen. Kuck mal, wie lebendig es ist, sagte sie stolz. Das Gesicht machte den Mund auf und schrie.

Weint er? fragte der Mann.

Nein, ich glaube, er lacht, antwortete die Frau.

Beinahe wie Kuchen, sagte der Mann und roch an dem Holz, wie Kuchen. Ganz süß.

Heute ist ja auch Weihnachten, sagte die Frau.

Ja, Weihnachten, brummte er, und vom Ofen her fiel eine Handvoll Licht hell auf das kleine schlafende Gesicht.

Werner Bergengruen: Gestern fuhr ich Fische fangen.
© 1992 by Arche Verlag AG, Raabe und Vitali, Zürich

Dietrich Bonhoeffer / Maria von Wedemeier: Briefe zu Weihnachten 1943. Aus: Brautbriefe Zelle 92.
© C. H. Beck'sche Verlagsbuchhandlung, München

Wolfgang Borchert: Die drei dunklen Könige. Aus: Das Gesamtwerk.
© 1949 by Rowohlt Verlag, Hamburg

Max Herrmann-Neisse: Weihnacht 1940. Aus: Um uns die Fremde. Gedichte 2.
© 1986 by Zweitausendeins, Postfach, D-60381 Frankfurt / M.

Christine Lavant: Am Tag der unschuldigen Kinder. Aus: Spindel im Mond.
© Otto Müller Verlag Salzburg, 5. Aufl. 1995

Alexander Lernet-Holenia: Die heiligen drei Könige von Totenleben. Aus: Götter und Menschen.
© Mag. Alexander Dreihann-Holenia, Klein Rötz

Thomas Mann: Brief an Frieda Hartenstein. Aus: Briefe in zwei Bänden.
© S. Fischer Verlag GmbH, Frankfurt / M.

Thomas Mann: Weihnachten bei Buddenbrooks. Aus: Buddenbrooks.
© S. Fischer Verlag GmbH, Frankfurt / M.

Jules Supervielle: Ochs und Esel bei der Krippe. Aus dem Französischen von Gustav Rademacher.

Robert Walser: Weihnacht. Aus: Das Gesamtwerk.

BÜCHER IM RADIUS-VERLAG

[illegible]

Klaus-Peter Hertzsch: *Der ganze Fisch war voll Gesang.* [illegible] S., [illegible]

Ders.: *Nachdenken über den Fisch.* Texte und Predigten. 160 S., br.

Walter Jaide: *Für eine Moral der Zukunft.* Betrachtungen. 96 S., br.

Inge Jens / Walter Jens: *Vergangenheit gegenwärtig.* Biographische Skizzen. [illegible] S., geb.

Walter Jens: *Das A und das O.* Die Offenbarung des Johannes. [illegible] S., br.

Ders.: *Die Zeit ist erfüllt, Die Stunde ist da.* Das Markus-Evangelium. 96 S., br.

Ders.: *Und ein Gebot ging aus.* Das Lukas-Evangelium. 16[illegible] S., br.

Ders.: *Am Anfang: Das Wort.* Das Johannes-Evangelium. 128 S., [illegible]

Lieferbare Radius-Bücher (eine Auswahl)

Heinrich Albertz: *Bremer Predigten aus vier Jahren*. 100 Seiten, broschiert
Ders. (Hrsg.): *Die Zehn Gebote*. 12 Bde. Je 108 bis 160 S., br.
Peter Bichsel (Hrsg.): *Für Peter Härtling*. Eine Festgabe. 200 S., br.
Karl Bohrmann: *Rote Figur*. 100 Zeichnungen. 128 S., geb.
Ders.: *Zeichnungen*. Mit einem Gedicht von Walter Helmut Fritz. 160 S., br.
Jürgen Brodwolf: *Theresienstadt. Wunde*. 15 Arbeiten auf Papier. 48 S., geb.
Jürgen Brodwolf/Peter Härtling: *Transparentblätter*. Gedichte. 120 S., geb.
Mechthild Dehn: *Leben*. Krebs: Entscheidung – Anruf – Suche. 100 S., geb.
Ingeborg Drewitz: *Junge Menschen messen ihre Erwartungen aus...* 80 S., br.
Wolfgang Erk (Hrsg.): *Briefe von Brodwolf*. 152 S., geb. im Schuber.
Ders. (Hrsg.): *Danken, Klagen, Loben / Alles reift, um Gabe zu werden*. 2 Bände. zusammen 508 Seiten, gebunden
Ders. (Hrsg.): *Für Christoph Eschenbach*. Eine Festgabe. 152 S., br.
Ders. (Hrsg.): *Für diesen Tag und für alle Tage...* Ein Brevier. 128 S., geb.
Ders. (Hrsg.): *Hoffnungstexte*. Ermutigungen. 240 S., geb.
Ders. (Hrsg.): *Nimm dieses Wort*. Texte für Liebende. 128 S., geb.
Ders. (Hrsg.): *Wer bin ich?* Woher kommen wir... 100 Texte. 128 S., geb.
Richard Exner: *Gedichte 1953-1991*. 320 S., geb.
Iring Fetscher: *Utopien, Illusionen, Hoffnungen*. 312 S., br.
Marlies Flesch-Thebesius: *Hauptsache Schweigen*. 160 S., br.
Traugott Giesen: *Christsein praktisch*. 100 Proben Glaubensmut. 224 S., geb.
Ders.: *Gebete der Zuversicht*. 100 S., geb.
Ders.: *Glaube mit Hand und Fuß*. 94 Kolumnen. 200 S., geb.
Ders.: *glauben heilt*. Energien aus dem Glaubensbekenntnis. 176 S., geb.
Ders.: *Gott liebt Dich und braucht Dich*. Worte zum Weiter-Leben. 192 S., geb.
Ders.: *Ich kann von Glück sagen*. 30 Lockrufe. 208 S., geb.
Ders.: *Schmerzlich – schön – wunderbar*. 90 Kolumnen. 212 S., geb.
Ders.: *Vater unser in Ewigkeit. Amen*. 42 An-Reden. 200 S., geb.
Traugott Giesen/Hans Jessel: *Sylt für die Seele*. 45 Texte u. Fotos. 96 S., br.
Hannah Green: *Ich hab dir nie einen Rosengarten versprochen*. 240 S., geb.
Gustav-Heinemann-Initiative: *Armut zerstört Bürgerrechte*. 112 S., br.
Peter Guth: *Bad Teinach-Projekt*. Ein Künstler-Buch. 54 S., br.
Peter Härtling: *Für Ottla*. 40 S., geb.
Ders. (Hrsg.): *»es hofft die gantze welt«*. Mein Weihnachtsbuch. 88 S., geb.
Ders. (Hrsg.): *Fundevögel*. Geschichten zum Wiederlesen. 320 S., geb.
Ders.: *Das Land, das ich erdachte*. Gedichte 1990-1993. 128 S., geb.
Ders.: *Das wandernde Wasser*. Musik und Poesie der Romantik. 128 S., br.
Ders. (Hrsg.): *Textspuren*. Konkretes und Kritisches zur Kanzelrede. 8 Bände. Zusammen 1772 S., br.
Klaus-Peter Hertzsch: *Der ganze Fisch war voll Gesang*. 80 S., br. u. geb. Ausgaben
Ders.: *Nachdenken über den Fisch*. Texte und Predigten. 160 S., br.
Walter Jaide: *Für eine Moral der Zukunft*. Betrachtungen. 96 S., br.
Inge Jens / Walter Jens: *Vergangenheit...* Biographische Skizzen. 88 S., geb.
Walter Jens: *Das A und das O*. Die Offenbarung des Johannes. 96 S., br.
Ders.: *Die Zeit ist erfüllt. Die Stunde ist da*. Das Markus-Evangelium. 96 S., br.
Ders.: *Und ein Gebot ging aus*. Das Lukas-Evangelium. 160 S., br.
Ders.: *Am Anfang: Das Wort*. Das Johannes-Evangelium. 128 S., br.